HET COMPLETE TOFFEE KOOKBOEK

Verleid jezelf met 100 verleidelijke lekkernijen van boterachtige gelukzaligheid

Anne de Jong

Auteursrechtelijk materiaal ©2024

Alle rechten voorbehouden

Geen enkel deel van dit boek mag in welke vorm of op welke manier dan ook worden gebruikt of overgedragen zonder de juiste schriftelijke toestemming van de uitgever en eigenaar van het auteursrecht, met uitzondering van korte citaten die in een recensie worden gebruikt. Dit boek mag niet worden beschouwd als vervanging voor medisch, juridisch of ander professioneel advies.

INHOUDSOPGAVE

INHOUDSOPGAVE **3**
INVOERING **6**
ONTBIJT **7**
   1. Banoffee Cruffin s 8
   2. Bananenbrood met toffee en hagelslag 11
   3. Perzik-Toffee Shortcakes 13
   4. Banoffee-wafel 15
   5. Honingraat - toffeebrood 18
   6. Toffee-kaneelbroodjes 20
   7. Toffee Appelmuffins 22
   8. Toffee Karnemelk Pannenkoeken 24
   9. Toffee Kaneel Havermout 26
   10. Toffee Franse Toast 28
   11. Toffee Yoghurt Parfait 30
   12. Toffee Bananenpannenkoekjes 32
   13. Quesadilla's met toffee-ontbijt 34
   14. Toffee Buttermelkmuffins 36
   15. Toffee Karamel Havermout 38
   16. Toffee Amandel Granola 40
   17. Toffee bananenbroodmuffins 42
   18. Toffee Appel Ontbijt Schoenmaker 44
SNACKS EN SNOEP **46**
   19. Chocolade-Toffee Cracker Crunch 47
   20. Karamel-walnotenrepen 49
   21. Toffee-cashewschatten 51
   22. Toffee Graanrepen 53
   23. Toblerone- toffeerepen 55
   24. Amandeltoffee-popcorn 57
   25. Hershey's toffeerepen 59
   26. Banoffee-koekjes met espresso-motregen 61
   27. Banoffee taarthapjes 64
   28. Choc Banoffee Filostapel 66
   29. Banoffee taartjes 68
   30. Banoffee-cupcakes 71
   31. Bevroren Banoffee-traktaties 74
   32. Banoffee-dip met Graham Crackers 76
   33. Banoffee energiebeten 78
   34. Banoffee Popcornmix 80
   35. Banoffee Bruschetta-hapjes 82
   36. Banoffee mueslirepen 84

37. Banoffee S'mores-beten 86
38. Banoffee Cheesecake-repen 88
39. CandiQuik Cowboyschors 90
40. Chocolade toffee 92
41. Kaneel toffee repen 94
42. Engelse pubtoffee 96
43. Toffeevierkantjes van gekonfijt spek 98
44. Toffee-krakelingstaafjes 101

NAGERECHT 103

45. Kleverige Toffee Pudding Met Rum Karamelsaus 104
46. Vochtige kleverige toffee omgekeerde bananencake 107
47. Kleverige toffee gekruide appelpudding 110
48. Karamel- en toffee- ijs 113
49. Citroenijsbrûlée met toffee 116
50. Toffee Truffels 118
51. Miso-karamel peer kleverige toffeecakes 120
52. Chocolade -mokka -toffeechipkoekjes 124
53. Toffee-mokkataart 127
54. Pot de crème met toffeescherven van roos en pistache 130
55. Banoffee taart 133
56. No- Bake Vodka Toffee appeltaart 137
57. Toffee Poke-cake 140
58. Banoffee-taartjes zonder bakken 142
59. Banoffee-ijscoupe 145
60. Brownie Toffee Trifle 147
61. Nootachtige Banoffee Bundt Cake 149
62. Toffee Crunch Eclairs 151
63. Toffee - pindakaaskoekjes 154
64. Engelse toffee 156
65. Toffee-roomtaart 158
66. Toffeefondue 160
67. Espresso Toffee Crunch Semifreddo 162
68. Koffie-toffee parfaits 164
69. Toffe Broodpudding 166
70. Toffee Cheesecake-repen 168
71. Toffee Appelkrokant 170
72. Toffee Bananensplit 172
73. Toffe Pecannotentaart 174

SPECERIJEN 176

74. Toffee Boter 177
75. Toffee Vanille Glazuur 179
76. Toffeesaus 181
77. Toffee slagroom 183

78. Toffee Roomkaaspasta 185
79. Met toffee doordrenkte honing 187
80. Toffee Glazuur 189
81. Toffee Siroop 191
82. Toffee Crème 193
83. Toffee Pannenkoekensaus 195

DRANKJES 197

84. Toffe milkshake 198
85. Toffee ijsthee 200
86. Banoffee Frappuccino 202
87. Banoffee koffiesmoothie 204
88. Banoffee Eiwitsmoothie 206
89. Banoffee Blitz-cocktail 208
90. Gerstewijn en Toffee 210
91. Crème Brûlée Boba-thee met toffee 212
92. Toffee-noot latte 215
93. Toffee Russisch 217
94. Banoffee Pie Martini 219
95. Banoffee ouderwets 221
96. Banoffee milkshake 223
97. Banoffee taartcocktail 225
98. Banoffee Pie Frappe 227
99. Banoffee warme chocolademelk 229
100. Banoffee Colada 231

CONCLUSIE 233

INVOERING

Welkom bij 'HET COMPLETE TOFFEE KOOKBOEK', een verrukkelijke reis naar de wereld van boterachtige gelukzaligheid en onweerstaanbare zoetheid. Toffee, met zijn rijke karamelsmaak en bevredigende knapperigheid, is al generaties lang een geliefde traktatie, gekoesterd vanwege zijn heerlijke smaak en geruststellende warmte. In dit kookboek nodigen we je uit om de eindeloze mogelijkheden van toffee te ontdekken met 100 verleidelijke lekkernijen die je smaakpapillen zeker zullen verrassen en je trek zullen stillen. Toffee is een zoetwarenklassieker die de tand des tijds heeft doorstaan en generaties en culturen overstijgt met zijn tijdloze aantrekkingskracht. Of het nu als op zichzelf staand snoepje wordt genoten, in gebak wordt verwerkt of als topping voor desserts wordt gebruikt, toffee kan een vleugje luxe toevoegen aan elke culinaire creatie. In deze verzameling recepten verkennen we de kunst van het helemaal opnieuw maken van toffee, van traditionele recepten die door de eeuwen heen zijn doorgegeven tot innovatieve wendingen die de grenzen van smaak en creativiteit verleggen. Of je nu een doorgewinterde snoepmaker bent of een beginneling in de keuken, elk recept is ontworpen om toegankelijk, gemakkelijk te volgen en gegarandeerd indruk te maken. Maar 'HET COMPLETE TOFFEE KOOKBOEK' is meer dan alleen een verzameling recepten: het is een viering van verwennerij, decadentie en de simpele geneugten van lekker eten. Of je jezelf nu trakteert op een zoet tussendoortje, zelfgemaakte lekkernijen deelt met dierbaren, of gedenkwaardige desserts maakt voor speciale gelegenheden, toffee kan elk moment vreugde en troost brengen.

Dus of je nu zin hebt in een klassieke toffeereep, een boterachtige toffeesaus of een decadent toffee-dessert, laat 'HET COMPLETE TOFFEE KOOKBOEK' je gids zijn voor boterachtige gelukzaligheid. Moge elk recept je verleiden met zijn onweerstaanbare aantrekkingskracht, van de eerste hap die in je mond smelt tot de laatste aanhoudende smaak van gekaramelliseerde goedheid, en je laten verlangen naar meer.

ONTBIJT

1. Banoffee Cruffins

INGREDIËNTEN:
VOOR HET CRUFFIN DEEG:
- 1 blikje croissantdeeg (verkrijgbaar in het koelgedeelte)
- 2 eetlepels ongezouten boter, gesmolten
- ¼ kopje bruine suiker
- 1 theelepel gemalen kaneel
- 1 rijpe banaan, in dunne plakjes gesneden
- ¼ kopje toffeesaus of karamelsaus

VOOR DE TOPPING:
- ½ kopje zware room
- 1 eetlepel poedersuiker
- ½ theelepel vanille-extract
- 1 kleine banaan, in plakjes gesneden
- Gemalen toffeestukjes (optioneel)

INSTRUCTIES:
a) Verwarm uw oven voor volgens de instructies op de verpakking van het croissantdeeg.
b) Open het blikje croissantdeeg en rol het uit. Scheid de driehoeken.
c) Meng in een kleine kom de bruine suiker en gemalen kaneel.
d) Bestrijk elke croissantdriehoek met gesmolten boter en bestrooi ze vervolgens royaal met het mengsel van bruine suiker en kaneel.
e) Leg een paar plakjes rijpe banaan op het brede uiteinde van elke croissantdriehoek en sprenkel een beetje toffee- of karamelsaus over de plakjes banaan.
f) Rol elke croissantdriehoek op vanaf het brede uiteinde tot aan de punt, waardoor een halvemaanvorm ontstaat. Zorg ervoor dat de banaan-toffeesaus er goed in zit.
g) Vet een muffinvorm in met antiaanbakspray of boter.
h) Plaats elke gevulde croissant in een van de muffinbekers en zorg ervoor dat het uiteinde eronder zit om te voorkomen dat deze uitrafelt.
i) Bak in de voorverwarmde oven volgens de instructies op de verpakking voor het croissantdeeg, meestal tot ze goudbruin en opgeblazen zijn.

j) Terwijl de cruffins bakken, maak je de topping. Klop de slagroom in een mengkom tot deze dikker wordt. Voeg de poedersuiker en het vanille-extract toe en blijf kloppen tot er stijve pieken ontstaan.

k) Zodra de cruffins klaar zijn met bakken, laat u ze een paar minuten afkoelen in de muffinvorm en legt u ze vervolgens over op een rooster om volledig af te koelen.

l) Zodra de cruffins zijn afgekoeld, spuit of schep je de slagroom op elke cruffin.

m) Garneer indien gewenst met extra plakjes banaan en gemalen toffeestukjes.

n) Serveer je heerlijke Banoffee Cruffins en geniet ervan!

2. Bananenbrood met toffee en hagelslag

INGREDIËNTEN:
- 1 stuk gesmolten boter
- ½ kopje kristalsuiker
- ½ kopje verpakte bruine suiker
- 1 eetlepel vanille-extract
- 2 eieren
- 2 kopjes bloem voor alle doeleinden
- 1 theelepel zuiveringszout
- ½ theelepel zout
- 1 (5 ounces) container Griekse yoghurt
- 3 zeer rijpe bananen
- 1 kopje toffeestukjes
- ½ kopje kleurrijke hagelslag
- Kookmodus: Voorkom dat uw scherm donker wordt

INSTRUCTIES:

a) Verwarm uw oven voor op 350 ° F en vet een 9x5 broodvorm royaal in.

b) Begin met het smelten van de boter. Meng in een ruime kom de gesmolten boter, kristalsuiker en verpakte bruine suiker. Voeg het vanille-extract en de eieren toe en meng tot het net is opgenomen.

c) Meng in een aparte kleine kom het bloem voor alle doeleinden, het bakpoeder en het zout. Voeg geleidelijk deze droge ingrediënten toe aan het natte mengsel, roer tot ze net gemengd zijn.

d) Voeg voorzichtig de rijpe bananen, Griekse yoghurt, stukjes toffee en ¼ kopje kleurrijke hagelslag toe. Giet het beslag in de voorbereide bakvorm en strooi de resterende hagelslag erover.

e) Bak gedurende 55-65 minuten of totdat een tandenstoker die je in het midden steekt er schoon uitkomt. Genieten!

3.Perzik-Toffee Shortcakes

INGREDIËNTEN:
- 2 kopjes All-purpose Flour
- 1/4 kop kristalsuiker
- 1 eetlepel bakpoeder
- 1/2 theelepel zout
- 1/2 kopje ongezouten boter, koud en in blokjes
- 3/4 kop karnemelk
- 1 theelepel vanille-extract
- 2 kopjes gesneden perziken
- Toffee saus
- Slagroom, om te serveren

INSTRUCTIES:
a) Verwarm uw oven voor op 220°C.
b) Meng in een grote kom de bloem, suiker, bakpoeder en zout.
c) Voeg de koude, in blokjes gesneden boter toe aan de droge ingrediënten. Gebruik een deegsnijder of je vingers om de boter door het bloemmengsel te snijden totdat het op grove kruimels lijkt.
d) Maak een kuiltje in het midden van het mengsel en giet de karnemelk en het vanille-extract erin. Roer tot het net gemengd is.
e) Leg het deeg op een met bloem bestoven oppervlak en kneed het een paar keer voorzichtig totdat het samenhangt.
f) Dep het deeg in een ronde lap van 2,5 cm dik en steek er shortcakes uit met een koekjesvormer.
g) Leg de shortcakes op een bakplaat bekleed met bakpapier.
h) Bak gedurende 12-15 minuten of tot ze goudbruin zijn.
i) Haal ze uit de oven en laat ze iets afkoelen.
j) Snijd de shortcakes horizontaal doormidden. Vul ze met gesneden perziken. Giet de toffeesaus over de perziken.
k) Bestrijk met slagroom en leg de andere helft van de shortcake erop.
l) Sprenkel nog meer toffeesaus over de samengestelde shortcakes.
m) Serveer en geniet!

4.Banoffee-wafel

INGREDIËNTEN:
- 2 Bananen
- 25 g ongezouten boter
- 30 g bruine suiker
- 2 Belgische wafels
- 1 bolletje Banoffee Crunch-ijs
- 1 bolletje toffee-fudge-ijs
- 15 g slagroom
- 20 gram dulce de leche
- 15 g chocoladesaus
- 2 Cadbury-bars
- 3 Verse aardbeien

INSTRUCTIES:
BANANEN:
a) Schil en snijd de bananen.
b) Smelt de ongezouten boter in een pan op middelhoog vuur.
c) Voeg de bruine suiker toe aan de gesmolten boter en roer tot de suiker is opgelost.
d) Voeg de plakjes banaan toe aan de pan en kook tot ze gekarameliseerd zijn, waarbij je ze af en toe omdraait. Dit duurt ongeveer 3-5 minuten. Opzij zetten.
WAFELS:
e) Rooster de Belgische wafels volgens de instructies op de verpakking of tot ze goudbruin en knapperig zijn.
f) Plaats een geroosterde wafel op een serveerschaal.
g) Verdeel een laagje gekarameliseerde bananen over de wafel.
h) Plaats een bolletje Banoffee crunch-ijs en een bolletje toffee-fudge-ijs op de gekarameliseerde bananen.
i) Schep een toefje slagroom over het ijs.
j) Druppel de dulce de leche en chocoladesaus over de slagroom.
k) Breek de Cadbury repen in kleine stukjes en strooi ze over de wafel.
AARDBEIEN:
l) Was en snijd de verse aardbeien.
m) Leg de plakjes aardbei op de wafel.
n) Serveer de Banoffee Waffle onmiddellijk terwijl de wafel nog warm is en het ijs licht smelt.

5. Honingraat - toffeebrood

INGREDIËNTEN:
- 3 kopjes bloem voor alle doeleinden
- 2 theelepels actieve droge gist
- 1 theelepel zout
- 2 eetlepels honing
- 1 kopje warm water
- ¼ kopje gesmolten boter
- ½ kopje gemalen honingraattoffee (optioneel)

INSTRUCTIES:
a) Meng de bloem, gist en zout in een grote mengkom.
b) Meng in een aparte kom de honing en het warme water tot de honing is opgelost.
c) Giet het honing-watermengsel bij het bloemmengsel en roer goed tot een deeg.
d) Kneed het deeg op een licht met bloem bestoven oppervlak gedurende ongeveer 5-7 minuten, tot het glad en elastisch is.
e) Doe het deeg in een ingevette kom, dek het af met een schone theedoek en laat het ongeveer 1 uur rijzen op een warme plaats, of tot het in volume verdubbeld is.
f) Verwarm uw oven voor op 190°C.
g) Sla het gerezen deeg plat en vorm er een brood van.
h) Leg het brood in een ingevette bakvorm en bestrijk de bovenkant met gesmolten boter.
i) Strooi de gemalen honingraattoffee over de bovenkant van het brood en druk het lichtjes in het deeg.
j) Bak het brood in de voorverwarmde oven gedurende 25-30 minuten of tot het goudbruin is.
k) Haal het brood uit de oven en laat het afkoelen op een rooster voordat u het snijdt en serveert.

6. Toffee-kaneelbroodjes

INGREDIËNTEN:
- 1 pakje (8 ounces) gekoelde halvemaantjesbroodjes
- 1/4 kop toffeestukjes
- 2 eetlepels boter, gesmolten
- 1/4 kop bruine suiker
- 1 theelepel gemalen kaneel

INSTRUCTIES:

a) Verwarm uw oven voor op 190°C (375°F) en vet een ovenschaal in.

b) Rol het halvemaanvormige deeg uit op een schoon oppervlak en verdeel het in driehoeken.

c) Meng in een kleine kom de toffeestukjes, gesmolten boter, bruine suiker en kaneel.

d) Verdeel het toffeemengsel gelijkmatig over elke driehoek deeg.

e) Rol elke driehoek op, beginnend bij het brede uiteinde, en plaats ze in de voorbereide ovenschaal.

f) Bak gedurende 12-15 minuten, of tot ze goudbruin zijn.

g) Serveer warm en geniet van deze kleverige Toffee Cinnamon Rolls als ontbijt!

7. Toffee Appelmuffins

INGREDIËNTEN:
- 2 kopjes All-purpose Flour
- 1/2 kopje kristalsuiker
- 1 eetlepel bakpoeder
- 1/2 theelepel zout
- 1/2 kop ongezouten boter, gesmolten
- 2 grote eieren
- 1 kopje melk
- 1 theelepel vanille-extract
- 1 kopje in blokjes gesneden appels
- 1/2 kop toffeestukjes

INSTRUCTIES:
a) Verwarm uw oven voor op 190°C (375°F) en bekleed een muffinvorm met papieren bakvormen.
b) Meng in een grote mengkom de bloem, suiker, bakpoeder en zout.
c) Meng in een aparte kom de gesmolten boter, eieren, melk en vanille-extract.
d) Giet de natte ingrediënten bij de droge ingrediënten en roer tot ze net gemengd zijn.
e) Vouw de in blokjes gesneden appels en stukjes toffee erdoor.
f) Verdeel het beslag gelijkmatig over de muffinvormpjes.
g) Bak gedurende 18-20 minuten, of totdat een tandenstoker die in het midden wordt gestoken er schoon uitkomt.
h) Laat de muffins iets afkoelen voordat je ze serveert. Geniet van deze heerlijke toffee-appelmuffins voor een zoete ontbijttraktatie!

8. Toffee Karnemelk Pannenkoeken

INGREDIËNTEN:
- 1 kopje bloem voor alle doeleinden
- 1 eetlepel kristalsuiker
- 1 theelepel bakpoeder
- 1/2 theelepel zuiveringszout
- 1/4 theelepel zout
- 1 kopje karnemelk
- 1 groot ei
- 2 eetlepels ongezouten boter, gesmolten
- 1/2 kop toffeestukjes

INSTRUCTIES:

a) Meng in een grote mengkom de bloem, suiker, bakpoeder, zuiveringszout en zout.

b) Klop in een aparte kom de karnemelk, het ei en de gesmolten boter door elkaar.

c) Giet de natte ingrediënten bij de droge ingrediënten en roer tot ze net gemengd zijn.

d) Vouw de toffeestukjes erdoor.

e) Verhit een licht ingevette koekenpan of bakplaat op middelhoog vuur.

f) Giet voor elke pannenkoek 1/4 kopje beslag in de koekenpan.

g) Kook tot er belletjes ontstaan op het oppervlak, draai dan om en bak tot ze aan de andere kant goudbruin zijn.

h) Serveer warm met ahornsiroop en extra stukjes toffee erover gestrooid. Geniet van deze heerlijke toffeepannenkoekjes als ontbijt!

9. Toffee Kaneel Havermout

INGREDIËNTEN:
- 1 kop ouderwetse haver
- 2 kopjes water
- Snufje zout
- 1/4 kop toffeestukjes
- 2 eetlepels bruine suiker
- 1/4 theelepel gemalen kaneel
- 1/4 kopje melk

INSTRUCTIES:
a) Breng het water en het zout in een kleine pan aan de kook.
b) Roer de haver erdoor en zet het vuur laag. Kook, af en toe roerend, gedurende 5 minuten.
c) Roer de stukjes toffee, bruine suiker en gemalen kaneel erdoor.
d) Kook nog eens 2-3 minuten, of totdat de havermout de gewenste consistentie heeft bereikt.
e) Haal van het vuur en roer de melk erdoor.
f) Serveer warm en geniet van deze geruststellende Toffee Havermout voor een heerlijk ontbijt!

10. Toffee Franse Toast

INGREDIËNTEN:
- 4 sneetjes dik brood (zoals brioche of Texas toast)
- 2 grote eieren
- 1/2 kopje melk
- 1 theelepel vanille-extract
- 1/4 theelepel gemalen kaneel
- Snufje zout
- Boter om te koken
- 1/4 kop toffeestukjes
- Ahornsiroop om te serveren

INSTRUCTIES:
a) Klop in een ondiepe schaal de eieren, melk, vanille-extract, gemalen kaneel en zout samen.
b) Doop elk sneetje brood in het eimengsel en zorg ervoor dat het aan beide kanten goed bedekt is.
c) Verhit een koekenpan of bakplaat op middelhoog vuur en smelt een klontje boter.
d) Leg de gedoopte sneetjes brood in de koekenpan en bak ze aan beide kanten goudbruin, ongeveer 2-3 minuten per kant.
e) Breng de gekookte wentelteefjes over op serveerborden.
f) Bestrooi elk plakje met stukjes toffee en besprenkel met ahornsiroop.
g) Serveer warm en geniet van deze decadente Toffee French Toast-schijfjes als ontbijt!

11. Toffee Yoghurt Parfait

INGREDIËNTEN:
- 1 kopje Griekse yoghurt
- 1/4 kop toffeestukjes
- 1/4 kop muesli
- 1/4 kop gesneden vers fruit (zoals bananen, aardbeien of perziken)
- Druppel honing (optioneel)

INSTRUCTIES:
a) Doe de Griekse yoghurt, stukjes toffee, muesli en gesneden vers fruit in een serveerglas of kom.
b) Herhaal de lagen totdat het glas of de kom gevuld is.
c) Besprenkel eventueel met honing.
d) Serveer onmiddellijk en geniet van deze eenvoudige maar toch bevredigende Toffee Yoghurt Parfait als ontbijt!

12.Toffee Bananenpannenkoekjes

INGREDIËNTEN:
- 1 kopje bloem voor alle doeleinden
- 1 eetlepel kristalsuiker
- 1 theelepel bakpoeder
- 1/2 theelepel zuiveringszout
- 1/4 theelepel zout
- 1 kopje karnemelk
- 1 groot ei
- 2 eetlepels ongezouten boter, gesmolten
- 1 rijpe banaan, gepureerd
- 1/4 kop toffeestukjes

INSTRUCTIES:
a) Meng in een grote mengkom de bloem, suiker, bakpoeder, zuiveringszout en zout.
b) Klop in een andere kom de karnemelk, het ei en de gesmolten boter tot alles goed gemengd is.
c) Giet de natte ingrediënten bij de droge ingrediënten en roer tot ze net gemengd zijn.
d) Vouw de geprakte banaan en toffeestukjes erdoor.
e) Verhit een koekenpan of bakplaat op middelhoog vuur en vet licht in met boter of kookspray.
f) Giet voor elke pannenkoek 1/4 kopje beslag in de koekenpan.
g) Kook tot er belletjes ontstaan op het oppervlak, draai dan om en bak tot ze aan de andere kant goudbruin zijn.
h) Serveer warm met ahornsiroop en extra stukjes toffee erover gestrooid. Geniet van deze smaakvolle toffee-bananenpannenkoekjes als ontbijt!

13.Quesadilla's met toffee-ontbijt

INGREDIËNTEN:
- 4 grote bloemtortilla's
- 1 kopje geraspte cheddarkaas
- 1/2 kop toffeestukjes
- Boter om te koken
- Ahornsiroop om te dippen

INSTRUCTIES:
a) Strooi de geraspte cheddarkaas en stukjes toffee gelijkmatig over de helft van elke tortilla.
b) Vouw de tortilla's dubbel zodat de vulling erin zit.
c) Verhit een koekenpan of bakplaat op middelhoog vuur en smelt een klontje boter.
d) Leg de gevulde tortilla's in de koekenpan en bak ze aan beide kanten goudbruin en krokant. Draai ze halverwege om.
e) Haal van het vuur en laat een minuut afkoelen voordat je het in partjes snijdt.
f) Serveer warm met ahornsiroop om te dippen. Geniet van deze unieke en smakelijke Toffee Breakfast Quesadillas voor een leuke draai aan het ontbijt!

14. Toffee Buttermelkmuffins

INGREDIËNTEN:
- 1 1/2 kopjes bloem voor alle doeleinden
- 1/2 kopje kristalsuiker
- 1 theelepel bakpoeder
- 1/2 theelepel zuiveringszout
- 1/4 theelepel zout
- 1 kopje karnemelk
- 1/4 kop ongezouten boter, gesmolten
- 1 groot ei
- 1 theelepel vanille-extract
- 1/2 kop toffeestukjes

INSTRUCTIES:
a) Verwarm uw oven voor op 190°C (375°F) en bekleed een muffinvorm met papieren bakvormen.
b) Meng in een grote mengkom de bloem, suiker, bakpoeder, zuiveringszout en zout.
c) Klop in een andere kom de karnemelk, de gesmolten boter, het ei en het vanille-extract tot alles goed gemengd is.
d) Giet de natte ingrediënten bij de droge ingrediënten en roer tot ze net gemengd zijn.
e) Vouw de toffeestukjes erdoor.
f) Verdeel het beslag gelijkmatig over de muffinvormpjes.
g) Bak gedurende 18-20 minuten, of totdat een tandenstoker die in het midden wordt gestoken er schoon uitkomt.
h) Laat de muffins iets afkoelen voordat je ze serveert. Geniet van deze vochtige en smaakvolle toffee-ontbijtmuffins bij uw ochtendkoffie of thee!

15. Toffee Karamel Havermout

INGREDIËNTEN:
- 1 kop gerolde haver
- 1 3/4 kopjes melk (of water voor een lichtere optie)
- Snufje zout
- 2 eetlepels toffeestukjes
- 2 eetlepels karamelsaus
- Optionele toppings: gesneden bananen, gehakte noten, extra karamelsaus

INSTRUCTIES:
a) Breng de melk (of water) en het zout in een pan aan de kook.
b) Roer de gerolde haver erdoor en zet het vuur laag tot het kookt.
c) Kook de haver volgens de instructies op de verpakking tot hij romig en zacht is.
d) Eenmaal gekookt, roer de toffeestukjes en de karamelsaus erdoor tot alles goed gemengd is.
e) Serveer warm, gegarneerd met gesneden bananen, gehakte noten en indien gewenst een scheutje extra karamelsaus. Geniet van deze heerlijke Toffee Caramel Havermout voor een geruststellend ontbijt!

16. Toffee Amandel Granola

INGREDIËNTEN:
- 3 kopjes ouderwetse haver
- 1 kopje gesneden amandelen
- 1/4 kop toffeestukjes
- 1/4 kopje honing
- 2 eetlepels kokosolie, gesmolten
- 1 theelepel vanille-extract
- Snufje zout

INSTRUCTIES:
a) Verwarm uw oven voor op 160°C (325°F) en bekleed een bakplaat met bakpapier.
b) Meng de haver, gesneden amandelen en toffeestukjes in een grote mengkom.
c) Klop in een kleine kom de honing, gesmolten kokosolie, vanille-extract en zout samen.
d) Giet de natte ingrediënten over de droge ingrediënten en meng tot ze gelijkmatig bedekt zijn.
e) Verdeel het mengsel gelijkmatig over de voorbereide bakplaat.
f) Bak gedurende 25-30 minuten, roer halverwege, tot ze goudbruin en knapperig zijn.
g) Laat de granola volledig afkoelen op de bakplaat voordat je hem in clusters breekt.
h) Bewaar in een luchtdichte verpakking en geniet van deze knapperige en smaakvolle Toffee Amandel Granola met yoghurt of melk als ontbijt!

17.Toffee bananenbroodmuffins

INGREDIËNTEN:
- 1 1/2 kopjes bloem voor alle doeleinden
- 1 theelepel bakpoeder
- 1/2 theelepel zuiveringszout
- 1/4 theelepel zout
- 3 rijpe bananen, gepureerd
- 1/2 kopje kristalsuiker
- 1/4 kop ongezouten boter, gesmolten
- 1 groot ei
- 1 theelepel vanille-extract
- 1/4 kop toffeestukjes

INSTRUCTIES:
a) Verwarm de oven voor op 175 °C en bekleed een muffinvorm met papieren bakvormen.
b) Meng in een grote mengkom de bloem, bakpoeder, zuiveringszout en zout.
c) Meng in een andere kom de geprakte bananen, suiker, gesmolten boter, ei en vanille-extract tot alles goed gemengd is.
d) Giet de natte ingrediënten bij de droge ingrediënten en roer tot ze net gemengd zijn.
e) Vouw de toffeestukjes erdoor.
f) Verdeel het beslag gelijkmatig over de muffinvormpjes.
g) Bak gedurende 18-20 minuten, of totdat een tandenstoker die in het midden wordt gestoken er schoon uitkomt.
h) Laat de muffins iets afkoelen voordat je ze serveert. Geniet van deze heerlijke toffee-bananenbroodmuffins als lekker ontbijt of tussendoortje!

18. Toffee Appel Ontbijt Schoenmaker

INGREDIËNTEN:
- 4 kopjes gesneden appels (zoals Granny Smith of Honeycrisp)
- 1 eetlepel citroensap
- 1/4 kop kristalsuiker
- 1/2 theelepel gemalen kaneel
- 1 kopje bloem voor alle doeleinden
- 1/2 kopje kristalsuiker
- 1 theelepel bakpoeder
- 1/4 theelepel zout
- 1/2 kopje ongezouten boter, gesmolten
- 1/4 kop toffeestukjes

INSTRUCTIES:
a) Verwarm uw oven voor op 190°C (375°F) en vet een ovenschaal in.
b) Meng de gesneden appels in een grote mengkom met citroensap, kristalsuiker en gemalen kaneel tot ze goed bedekt zijn.
c) Verdeel het appelmengsel gelijkmatig in de voorbereide ovenschaal.
d) Meng in een andere kom de bloem, kristalsuiker, bakpoeder en zout.
e) Roer de gesmolten boter erdoor tot het mengsel op grove kruimels lijkt.
f) Vouw de toffeestukjes erdoor.
g) Strooi het kruimelmengsel gelijkmatig over de appels in de ovenschaal.
h) Bak gedurende 30-35 minuten, of tot de topping goudbruin is en de appels zacht zijn.
i) Serveer warm, eventueel met een bolletje vanille-ijs of een toefje slagroom. Geniet van deze heerlijke Toffee Apple Breakfast Cobbler voor een gezellige ochtendtraktatie!

SNACKS EN SNOEP

19. Chocolade-Toffee Cracker Crunch

INGREDIËNTEN:
- 1,5 zakjes zoute crackers of 6-8
- vellen matzoh (genoeg om een bakplaat van 11 x 17 te vullen)
- 1 stokje (8 eetlepels) boter
- 1 kopje donkerbruine suiker
- 2 kopjes bitterzoete chocoladestukjes
- 1 theelepel zeezout, plus meer om te bestrooien

INSTRUCTIES:

a) Verwarm de oven voor op 350°F. Plaats de zoutjes in een met bakpapier beklede bakplaat en zorg ervoor dat ze zo strak mogelijk aansluiten. Breek de saltines zodat ze in de randen passen of om eventuele gaten op te vullen. Bewaar de gebroken stukken voor later.

b) Smelt de boter en de suiker in een kleine pan op middelhoog vuur, af en toe roerend, zodat de karamel niet verbrandt. Verwarm de karamel aan de kook en kook gedurende 2 minuten. Roer het zout erdoor en giet het over de crackers, spreid het uit met een hittebestendige spatel om eventuele gemiste plekken te bedekken (de toffee wordt heel snel dikker, dus zorg ervoor dat je dit snel doet).

c) Bak de toffeecrackers gedurende 10 minuten, tot de toffee borrelt. Haal uit de oven en laat 1 minuut afkoelen.

d) Strooi de chocoladestukjes over de hete toffee. Laat ze een paar minuten zitten, totdat ze beginnen te smelten. Verdeel de chocolade in een gelijkmatige laag over de toffee. Vermaal de overgebleven stukjes zout tot kleine kruimels (of vermaal 5-7 stukjes zout tot kruimels) en strooi dit over de warme chocolade. Je kunt ook wat zeezout over de chocolade strooien.

e) Laat de crackers afkoelen tot de chocolade hard is geworden.

f) Breek in stukken en bewaar in een luchtdichte verpakking gedurende maximaal een week.

20. Karamel-walnotenrepen

INGREDIËNTEN:
- 1 doos chocoladetaartmix
- 3 eetlepels boter werd zacht
- 1 ei
- 14 ons gezoete gecondenseerde melk
- 1 ei
- 1 theelepel puur vanille-extract
- 1/2 kopje walnoten fijngemalen
- 1/2 kop fijngemalen toffeestukjes

INSTRUCTIES:
a) Verwarm de oven voor op 350.
b) Bereid een rechthoekige cakevorm voor met kookspray en zet opzij.
c) Doe het cakemengsel, de boter en één ei in een mengkom en mix tot een kruimelig geheel.
d) Druk het mengsel op de bodem van de voorbereide pan en zet het opzij.
e) Meng in een andere mengkom de melk, het resterende ei, het extract, de walnoten en de toffeestukjes.
f) Meng goed en giet het over de bodem in de pan.
g) Bak gedurende 35 minuten.

21. Toffee-cashewschatten

INGREDIËNTEN:
- 1 kopje boter, verzacht
- 1 kopje suiker
- 1 kopje verpakte bruine suiker
- 2 eieren
- 1 theelepel vanille-extract
- 2 kopjes All-purpose Flour
- 2 kopjes ouderwetse haver
- 1 theelepel zuiveringszout
- 1/2 theelepel bakpoeder
- 1/2 theelepel zout
- 1 kopje gezoete geraspte kokosnoot
- 1 kop melkchocolade Engelse toffee-stukjes of brickle-toffee-stukjes
- 1 kop gehakte cashewnoten, geroosterd

INSTRUCTIES:

a) Klop de suikers en de boter in een grote kom luchtig en licht. Doe de eieren er één voor één in en klop goed na elke toevoeging. Klop de vanille erdoor.

b) Meng het zout, bakpoeder, zuiveringszout, haver en bloem; voeg langzaam toe aan het afgeroomde mengsel en meng goed. Meng de overige ingrediënten erdoor.

c) Op niet-ingevette bakplaten, met afgeronde eetlepels met een tussenruimte van 7,5 cm. Bak op 350 ° tot lichtbruin, 12 tot 14 minuten.

d) Laat 2 minuten afkoelen voordat u het op roosters legt.

22.Toffee Graanrepen

INGREDIËNTEN:
- 2 kopjes gerolde haver
- 1 kopje knapperige rijstgranen
- 1/2 kop toffeestukjes
- 1/2 kop gehakte noten (zoals amandelen of pecannoten)
- 1/2 kopje honing
- 1/2 kopje romige pindakaas
- 1 theelepel vanille-extract

INSTRUCTIES:

a) Verwarm uw oven voor op 175°C (350°F) en bekleed een ovenschaal met bakpapier.

b) Meng in een grote mengkom de gerolde haver, knapperige rijstgranen, stukjes toffee en gehakte noten.

c) Verhit de honing en pindakaas in een kleine pan op middelhoog vuur tot ze gesmolten en goed gecombineerd zijn.

d) Haal van het vuur en roer het vanille-extract erdoor.

e) Giet het honing-pindakaasmengsel over de droge ingrediënten en roer tot het gelijkmatig bedekt is.

f) Druk het mengsel stevig in de voorbereide ovenschaal.

g) Bak gedurende 15-20 minuten, of tot ze goudbruin zijn.

h) Laat volledig afkoelen voordat je het in repen snijdt. Geniet onderweg van deze knapperige en bevredigende Toffee-ontbijtrepen!

23. Toblerone- toffeerepen

INGREDIËNTEN:
- 1 kopje boter
- 1 kopje bruine suiker
- 1 ei
- 1 eetlepel vanille
- 2 kopjes bloem
- ½ theelepel zout
- 6 Toblerone-repen
- Noten

INSTRUCTIES:

a) Roomboter; Voeg suiker toe; room tot het licht en luchtig is.

b) Voeg het ei en de vanille, bloem en zout toe. Goed mengen. Verdeel het in een ingevette en met bloem bestoven pan van 10 x 15 inch.

c) Bak op 350 graden gedurende 10 minuten.

d) Haal het uit de oven en plaats de toblerone-repen erop.

e) Keer terug naar de oven, wanneer de repen zijn gesmolten, verspreid.

f) Bestrooi met noten en snijd in repen.

24.Amandeltoffee-popcorn

INGREDIËNTEN:
- 1 kopje suiker
- ½ kopje boter
- ½ kopje witte glucosestroop
- ¼ kopje water
- 1 kopje amandelen; gehakt en geroosterd
- ½ theelepel Vanille
- ½ kopje popcorn gepoft

INSTRUCTIES:

a) Meng suiker, boter, glucosestroop, water en amandelen in een zware pan.

b) Kook op een matig vuur tot 280 ~ op een suikerthermometer.

c) Voeg de vanille toe. Roer goed en giet over de gepofte maïs.

25. Hershey's toffeerepen

INGREDIËNTEN:
- 1 kopje boter
- 1 kopje bruine suiker
- 1 ei
- 1 eetlepel vanille
- 2 kopjes bloem
- ½ theelepel zout
- 6 Hershey's repen
- Noten

INSTRUCTIES:
a) Roomboter; Voeg suiker toe; room tot het licht en luchtig is.
b) Voeg het ei en de vanille, bloem en zout toe. Goed mengen. Verdeel het in een ingevette en met bloem bestoven pan van 10 x 15 inch.
c) Bak op 350 graden gedurende 10 minuten.
d) Haal het uit de oven en plaats de repen van Hershey erop.
e) Vervang in de oven, wanneer de repen gesmolten zijn, verspreid.
f) Bestrooi met noten. In repen snijden.

26.Banoffee-koekjes met espresso-motregen

INGREDIËNTEN:
KOEKJES:
- 1 kop gerolde haver
- ¾ kopje amandelmeel
- 1 theelepel gemalen espressopoeder
- ½ theelepel gemalen kaneel
- ½ theelepel zuiveringszout
- ¼ theelepel koosjer zout
- 1 groot ei
- ¼ kopje extra vergine olijfolie
- 2 eetlepels turbinado-suiker
- 2 bananen (1 gepureerd, 1 in plakjes)

ESPRESSO AMANDELBOTERGLAZUUR:
- 2 eetlepels gladde amandelboter
- 2 eetlepels hete espresso of sterke hete koffie
- 2 eetlepels turbinado-suiker

INSTRUCTIES:
KOEKJES:
a) Verwarm de oven voor op 350 ° F. Bekleed een grote bakplaat met bakpapier.
b) Meng in een grote mengkom de haver, amandelmeel, espressopoeder, kaneel, bakpoeder en zout.
c) Klop het ei in een kleinere mengkom lichtjes. Voeg aan het ei de olie, suiker, 1 geprakte banaan, amandelboter en vanille-extract toe en klop tot ze goed gemengd zijn.
d) Giet de vloeibare ingrediënten bij de droge ingrediënten en klop tot ze gemengd zijn. Vouw 1 gesneden banaan, de walnoten (optioneel) en de rozijnen (optioneel) erdoor.
e) Laat het beslag in grote eetlepels op de voorbereide bakplaat vallen om acht grote koekjes te maken. Plaats de koekjes 5 cm uit elkaar en gebruik je vingers om er rondjes van te maken.
f) Bak de koekjes gedurende 13 tot 15 minuten tot ze goudbruin zijn. Laat de koekjes 5 minuten op de bakplaat liggen en leg ze vervolgens op een rooster om volledig af te koelen.
ESPRESSO AMANDELBOTERGLAZUUR:
g) Meng in een kleine mengkom de amandelboter, de hete espresso of koffie en de suiker en klop tot een gladde massa.
h) Doe het mengsel in een plastic boterhamzakje en knip van een van de hoeken een klein puntje af, zodat je een spuitzak kunt maken.
i) Druppel het glazuur over de koekjes.
j) Koekjes zijn in een luchtdichte verpakking 1 dag houdbaar, of in de koelkast maximaal 3 dagen.

27.Banoffee taarthapjes

INGREDIËNTEN:
KORST:
- 1 kopje graham crackerkruimels (ongeveer 8 volle vellen)
- 4 eetlepels boter, gesmolten

VULLING:
- 16 medjool dadels, ontpit
- ½ theelepel zout
- 1 theelepel vanille-extract
- ¾ kopje melk (kan indien nodig tot ¼ kopje meer worden toegevoegd)

TOPPING:
- 2 middelgrote bananen, in plakjes gesneden
- 1 kop slagroom (hoe dikker hoe beter)
- ½ kopje chocoladeschaafsel (optioneel)

INSTRUCTIES:
KORST:
a) Verwarm de oven voor op 350 ° F.
b) Voeg in een keukenmachine de crackers van Graham toe en pulseer tot er fijne kruimels zijn gevormd en alle stukjes verkruimeld zijn. Voeg gesmolten boter toe en pulseer tot alles gemengd is.
c) Doe 1 eetlepel van het mengsel in elke mini-muffinvorm. Druk stevig op de bodem en zijkanten tot er een korst ontstaat. Bak gedurende 6 tot 8 minuten of tot het stevig is.

VULLING:
d) Doe alle ingrediënten in een keukenmachine en mix tot het mengsel glad is en er geen stukjes dadel meer zichtbaar zijn. Voeg meer melk toe, 1-2 eetlepels per keer, als het mengsel te dik is.
e) Schep 1-2 eetlepels van het karamelmengsel in elke graham crackerbeker. Leg een schijfje banaan op de karamel.

TOPPING:
f) Spuit slagroom op de bovenkant van elke Banoffee-beker. Bestrooi met chocoladeschaafsel en doe een ½ schijfje banaan verticaal in de slagroom als garnering.
g) Als u niet meteen serveert, wacht dan met het toevoegen van het laatste schijfje banaan totdat u klaar bent om te serveren, om bruinkleuring te voorkomen.

28. Choc Banoffee Filostapel

INGREDIËNTEN:
- 45 g hazelnoten, fijngehakt, plus extra voor serveren
- 2 theelepels kokosnoot of bruine suiker
- ½ theelepel gemalen kaneel
- 8 vellen filodeeg
- 375 g pot gladde ricotta
- 2 potjes van 150 g Vanilleboon Frûche
- 2 theelepels vanille-extract
- 1 citroen, schil fijn geraspt
- 2 theelepels cacaopoeder
- 3 grote bananen, in dunne plakjes gesneden
- Cacao nibs, om te bestrooien
- Kokossiroop, om te serveren

INSTRUCTIES:

a) Verwarm de oven voor op 190C/170C, hetelucht. Meng noten, suiker en kaneel in een kom. Bekleed 3 bakplaten met bakpapier.

b) Leg een vel filodeeg op een werkblad en bestrijk het met olie. Bestrooi met een beetje notenmengsel. Leg er nog een filovel bovenop. Ga door met het aanbrengen van laagjes olie, notenmengsel en filodeeg tot je 4 lagen hebt. Herhaal dit met het resterende mengsel van filodeeg, olie en noten om nog een stapel van 4 lagen te maken. Snijd elke stapel in 12 vierkanten en plaats deze op voorbereide dienbladen. Bak gedurende 10 minuten of tot ze goudbruin zijn. Laat afkoelen.

c) Combineer ricotta, Frûche, vanille en citroenschil in een kom. Verdeel het mengsel over 2 kommen. Voeg cacao toe aan 1 kom en roer om te combineren. Meng de mengsels lichtjes door elkaar. Bovenste 4 vierkantjes met wat ricottamengsel, banaan, cacaonibs en extra noten. Stapel de afgedekte vierkanten op elkaar. Herhaal dit met de overige ingrediënten om in totaal 6 stapels te maken.

d) Besprenkel met kokossiroop. Serveer onmiddellijk.

29.Banoffee taartjes

INGREDIËNTEN:
TAARTJE DEEG:
- 56 g ongezouten boter, op kamertemperatuur
- 50 g kristalsuiker
- 1 grote eidooier, op kamertemperatuur
- 94 g bloem voor alle doeleinden
- ¼ theelepel zout

KARAMELSAUS:
- 1 kop (200 g) kristalsuiker
- ½ kopje (113 g) ongezouten boter, in blokjes
- ½ theelepel zout
- 1½ theelepel puur vanille-extract
- 1 kop (240 ml) slagroom, op kamertemperatuur

MONTAGE:
- 1 banaan, in plakjes gesneden
- 1 kopje slagroom
- Weinig chocoladekrullen of -spaanders

INSTRUCTIES:
TAARTJE DEEG:
a) Klop in een grote kom de ongezouten boter en de kristalsuiker romig.
b) Voeg de eierdooier toe en klop tot gecombineerd.
c) Meng in een aparte kom de bloem en het zout voor alle doeleinden.
d) Voeg de droge ingrediënten toe aan de natte ingrediënten en meng tot een kruimelig mengsel.
e) Kneed het deeg tot het glad is en zet het vervolgens minimaal 30 minuten of een hele nacht in de koelkast.
f) Verwarm uw oven voor op 177ºC (350ºC) en vet drie taartvormpjes in.
g) Rol het deeg uit en bekleed de taartvormpjes.
h) Bak de taartjes blind goudbruin.
i) Laat de schelpen volledig afkoelen voordat u ze uit de pan haalt.

KARAMELSAUS:
j) Smelt de suiker in een pan met dikke bodem op middelhoog vuur.

k) Roer voortdurend totdat alle suiker is gesmolten.
l) Voeg de boterblokjes toe, twee tegelijk, en roer krachtig.
m) Voeg het zout en de vanille toe en roer grondig.
n) Voeg geleidelijk de room toe, krachtig roerend.
o) Doe de karamel in een glazen pot en laat hem volledig afkoelen.

MONTAGE:
p) Voeg een lepel karamelsaus toe aan de bodem van de taartjes.
q) Beleg met plakjes banaan.
r) Voeg slagroom en chocoladeschaafsel toe.
s) Chill voor het serveren.

30.Banoffee-cupcakes

INGREDIËNTEN:
VOOR DE CUPCAKES:
- 1 ½ kopje bloem voor alle doeleinden
- 1 ½ theelepel bakpoeder
- ½ theelepel zuiveringszout
- ¼ theelepel zout
- ½ kopje ongezouten boter, verzacht
- ½ kopje kristalsuiker
- 2 rijpe bananen, gepureerd
- 2 grote eieren
- 1 theelepel vanille-extract
- ½ kopje volle melk

VOOR DE TOFFEESAUS:
- ½ kopje ongezouten boter
- 1 kopje bruine suiker
- ½ kopje zware room
- ¼ theelepel zout
- 1 theelepel vanille-extract

VOOR DE TOPPING:
- 2 rijpe bananen, in plakjes gesneden
- Slagroom
- Chocoladeschaafsel

INSTRUCTIES:
VOOR DE CUPCAKES:
a) Verwarm de oven voor op 175 °C en bekleed een muffinvorm met cupcakevormpjes.
b) Meng in een kom de bloem, bakpoeder, zuiveringszout en zout. Opzij zetten.
c) Klop in een andere kom de zachte boter en de kristalsuiker tot een licht en luchtig mengsel.
d) Voeg de geprakte bananen, eieren en vanille-extract toe aan het boter-suikermengsel. Meng tot alles goed gemengd is.
e) Voeg geleidelijk de droge ingrediënten toe aan het bananenmengsel, afgewisseld met de melk. Begin en eindig met de droge ingrediënten. Meng tot het net gemengd is.

f) Verdeel het cupcakebeslag gelijkmatig over de cupcakevormpjes.
g) Bak in de voorverwarmde oven gedurende ongeveer 18-20 minuten of totdat een tandenstoker die je in een cupcake steekt er schoon uitkomt.
h) Laat de cupcakes een paar minuten afkoelen in de pan voordat je ze op een rooster legt om volledig af te koelen.

VOOR DE TOFFEESAUS:
i) Smelt de boter in een pan op middelhoog vuur.
j) Roer de bruine suiker erdoor en kook, onder voortdurend roeren, tot de suiker is opgelost.
k) Giet de slagroom erbij en roer goed.
l) Laat het mengsel zachtjes koken en haal het dan van het vuur.
m) Roer het zout en het vanille-extract erdoor. Laat de toffeesaus afkoelen.
n) Montage:
o) Zodra de cupcakes en toffeesaus zijn afgekoeld, schep je een royale hoeveelheid toffeesaus over de bovenkant van elke cupcake.
p) Leg de plakjes banaan op de toffeesaus.
q) Werk af met een toefje slagroom en wat chocoladeschaafsel.

31.Bevroren Banoffee-traktaties

INGREDIËNTEN:
- 1 grote banaan
- ¼ kopje chocoladetoffeestukjes
- 1 kopje karamelchips
- 1 theelepel biologische kokosolie

INSTRUCTIES:
a) Schil de banaan en snijd hem doormidden.
b) Steek de lollystokjes er zo in dat ze ¾ omhoog steken.
c) Bevries op een bakplaat bedekt met vetvrij papier tot het stevig is.
d) Maak een klein bord klaar met ¼ kopje met chocolade bedekte toffeestukjes, uitgespreid en klaar voor gebruik.
e) Zet een dubbele boiler met water aan de kook. Plaats er een metalen mengkom overheen en smelt langzaam 1 kopje karamelchips. Wanneer ze beginnen te smelten, voeg je 1 theelepel kokosolie toe en roer tot de consistentie glad is. Haal van het vuur.
f) Schep het karamelmengsel over de bevroren banaan (werk met ¼-½ banaan per keer omdat het snel hard wordt) en dompel het in de toffeestukjes. Herhaal dit totdat de banaan bedekt is.
g) Plaats het opnieuw op een met bakpapier beklede bakplaat en bevries gedurende 10 minuten. Als je ze meteen serveert, zijn ze klaar voor gebruik. Als u ze later serveert, wikkel ze dan in plasticfolie en plaats ze in een diepvrieszak.

32.Banoffee-dip met Graham Crackers

INGREDIËNTEN:
- 1 kop rijpe bananen, gepureerd
- 1 kopje roomkaas, verzacht
- ½ kopje toffeestukjes
- ¼ kopje gehakte walnoten
- Grahamcrackers om in te dippen

INSTRUCTIES:

a) Meng in een kom geprakte bananen en zachte roomkaas tot een gladde massa.

b) Voeg toffeestukjes en gehakte walnoten toe.

c) Serveer de Banoffee dip met graham crackers voor een heerlijke zoete snack.

33.Banoffee energiebeten

INGREDIËNTEN:
- 1 kop gerolde haver
- ½ kopje rijpe banaan, gepureerd
- ¼ kopje amandelboter
- ¼ kopje toffeestukjes
- 1 eetlepel honing
- Geraspte kokosnoot om te rollen (optioneel)

INSTRUCTIES:

a) Meng in een kom gerolde haver, geprakte banaan, amandelboter, stukjes toffee en honing.

b) Rol het mengsel in hapklare balletjes. Rol eventueel elke bal in geraspte kokosnoot.

c) Zet minimaal 30 minuten in de koelkast voordat u het serveert.

34.Banoffee Popcornmix

INGREDIËNTEN:
- 6 kopjes gepofte popcorn
- ½ kopje toffeestukjes
- ½ kopje gedroogde bananenchips
- ¼ kopje gesmolten chocolade (melk of puur)
- ¼ kopje gehakte pinda's

INSTRUCTIES:
a) Meng in een grote kom gepofte popcorn, stukjes toffee, gedroogde bananenchips en gehakte pinda's.

b) Giet de gesmolten chocolade over het mengsel en roer tot alles gelijkmatig bedekt is.

c) Verdeel het mengsel over een bakplaat zodat de chocolade kan uitharden. Breek in clusters en geniet ervan!

35. Banoffee Bruschetta-hapjes

INGREDIËNTEN:
- Stokbroodplakken, geroosterd
- Mascarpone kaas
- Rijpe banaan, in dunne plakjes gesneden
- Toffeesaus om te besprenkelen
- Verse muntblaadjes ter garnering

INSTRUCTIES:

a) Smeer op elk sneetje geroosterd stokbrood een laagje mascarpone.

b) Beleg met dun gesneden bananen.

c) Besprenkel met toffeesaus en garneer met verse muntblaadjes. Serveer als heerlijke Banoffee-bruschettahapjes.

36. Banoffee mueslirepen

INGREDIËNTEN:
- 2 kopjes gerolde haver
- 1 kop gepureerde rijpe bananen
- ½ kopje amandelboter
- ¼ kopje honing
- ¼ kopje toffeestukjes
- ¼ kopje gehakte gedroogde bananen

INSTRUCTIES:

a) Meng in een kom gerolde haver, geprakte bananen, amandelboter, honing, stukjes toffee en gehakte gedroogde bananen.

b) Druk het mengsel in een beklede ovenschaal en zet het in de koelkast tot het stevig is.

c) Snij in repen en geniet van deze granola-lekkernijen met Banoffee-smaak.

37.Banoffee S'mores-beten

INGREDIËNTEN:
- Graham-crackers, in vierkanten verdeeld
- Rijpe plakjes banaan
- Marshmallows, geroosterd
- Melkchocolade vierkantjes
- Toffeesaus om te besprenkelen

INSTRUCTIES:
a) Plaats een plakje banaan op een graham crackervierkant.
b) Rooster een marshmallow en plaats deze op de banaan.
c) Voeg een vierkantje melkchocolade toe en besprenkel met toffeesaus. Werk af met nog een graham crackervierkant.

38. Banoffee Cheesecake-repen

INGREDIËNTEN:
VOOR DE KORST:
- 1 ½ kopje gemalen spijsverteringskoekjes
- ½ kopje ongezouten boter, gesmolten

VOOR DE CHEESECAKE-VULLING:
- 16 ons roomkaas, verzacht
- ½ kopje kristalsuiker
- 2 rijpe bananen, gepureerd
- 2 grote eieren
- ¼ kopje bloem voor alle doeleinden
- ¼ kopje zware room
- 1 theelepel vanille-extract

VOOR DE TOPPING:
- Toffee saus
- Gesneden bananen

INSTRUCTIES:

a) Verwarm de oven voor op 163°C. Vet een ovenschaal in en bekleed deze met bakpapier.

b) Meng in een kom gemalen spijsverteringskoekjes en gesmolten boter. Druk in de bodem van de voorbereide schaal om de korst te vormen.

c) Klop in een andere kom de roomkaas en suiker tot een gladde massa. Voeg gepureerde bananen, eieren, bloem, slagroom en vanille-extract toe. Meng tot alles goed gemengd is.

d) Giet het cheesecakemengsel over de korst.

e) Bak ongeveer 40-45 minuten of tot het midden stevig is.

f) Laat afkoelen en zet vervolgens een paar uur in de koelkast.

g) Besprenkel met toffeesaus en beleg met gesneden bananen voordat je het serveert.

39. CandiQuik Cowboyschors

INGREDIËNTEN:
- 1 pakje CandiQuik (snoepcoating met vanillesmaak)
- 1 kopje mini-pretzels
- 1 kopje gezouten crackers, in stukjes gebroken
- ½ kopje toffeestukjes
- ½ kopje geroosterde en gezouten pinda's
- ¼ kopje mini-chocoladestukjes
- ¼ kopje melkchocoladestukjes
- Zeezout om te bestrooien (optioneel)

INSTRUCTIES:
a) Bekleed een bakplaat met bakpapier.
b) Breek de CandiQuik in stukjes en doe deze in een hittebestendige kom. Smelt de CandiQuik volgens de instructies op de verpakking. Meestal houdt dit in dat het met tussenpozen van 30 seconden in de magnetron wordt gezet totdat het volledig is gesmolten.
c) Meng in een grote mengkom de mini-pretzels, gezouten crackers, stukjes toffee, geroosterde pinda's, mini-chocoladestukjes en melkchocoladestukjes.
d) Giet de gesmolten CandiQuik over de droge ingrediënten en roer tot alles goed bedekt is.
e) Verdeel het mengsel gelijkmatig over de voorbereide bakplaat.
f) Optioneel: Strooi een beetje zeezout over de bovenkant voor een zoet en zout smaakcontrast.
g) Laat de Cowboy Bark volledig afkoelen en uitharden. Je kunt dit proces versnellen door het in de koelkast te plaatsen.
h) Eenmaal volledig uitgehard, breek je de Cowboy Bark in hapklare stukjes.
i) Bewaar de Cowboy Bark in een luchtdichte verpakking op kamertemperatuur.

40.Chocolade toffee

INGREDIËNTEN:
- 1 kopje dadels, ontpit
- 1 kopje kokosolie
- 1/2 kopje water
- 1/2 kopje cacaopoeder
- 1 theelepel vanillepoeder
- 1 snufje zout

INSTRUCTIES:

a) Bedek de dadels met water en laat ze zacht worden. Gebruik warm water om dit proces te versnellen.

b) Doe alles samen in een keukenmachine en verwerk het met het S-mes tot het glad en gemengd is. Dit duurt maximaal 20 minuten en is zeker de moeite waard.

c) Giet het mengsel in een ondiepe kom en laat opstijven in de koelkast.

d) Snijd ze na ongeveer 3-4 uur in vierkanten.

e) Bewaar ze in een luchtdichte verpakking in de koelkast.

41. Kaneel toffee repen

INGREDIËNTEN:
- 1 kopje ongezouten boter, verzacht
- 1 kop Verpakte bruine suiker
- 1 ei
- 1 theelepel vanille
- 2 eetlepels Gemalen kaneel
- ½ theelepel zout
- 2 kopjes All-purpose Flour
- 1 Eiwit, geslagen
- 6 eetlepels Boter, koud
- ¾ kopje Bloem voor alle doeleinden
- ¾ kopje suiker
- Gekleurde suiker voor garnering

INSTRUCTIES:
a) Verwarm de oven tot 375 graden. Vet een jelly-roll-pan van 15 bij 10 inch in. Klop boter, suiker, ei en vanille in de mengkom. Kaneel en zout erdoor roeren.

b) Voeg bloem toe, beetje bij beetje. Meng goed. Druk het in een pan tot een dikte van ¼ inch met vetvrij papier.

c) Bestrijk het losgeklopte eiwit over het deeg. Combineer de streusel-ingrediënten in de keukenmachine. Verwerk totdat de boter gelijkmatig is gemengd. Strooi streusel over het deeg. Bak 20 minuten. Koel op een rooster 15 minuten. Snijd het in repen van 2 bij 1½ inch terwijl het nog warm is.

42. Engelse pubtoffee

INGREDIËNTEN:
- 1 ½ kopje boter, in blokjes gesneden
- 2 kopjes kristalsuiker
- ¼ theelepel zout
- 2 eetlepels bier
- 2 kopjes pure chocoladestukjes
- 2 kopjes pretzels, lichtjes geplet

INSTRUCTIES:
a) Bekleed een bakplaat met bakpapier of een Silpat.
b) Voeg de botersuiker, het zout en het bier toe aan een pan op hoog vuur. Roer voortdurend totdat de boter is gesmolten.
c) Klem een kookthermometer op de rand, kook tot de suiker 300F bereikt, af en toe roerend.
d) Giet op de voorbereide pan. Laat ongeveer 2 minuten afkoelen en bestrooi met chocoladestukjes.
e) Zodra de warme toffee de chocoladestukjes heeft gesmolten, verdeel je de chocolade gelijkmatig met een spatel. Bestrooi met spek en pretzels.
f) Laat afkoelen tot kamertemperatuur, doe het in de koelkast en zet het 2 uur in de koelkast.
g) Breek in stukken voordat je het serveert.

43. Toffeevierkantjes van gekonfijt spek

INGREDIËNTEN:
- 8 plakjes spek
- ¼ kopje lichtbruine suiker, stevig verpakt
- 8 eetlepels boter, zacht
- 2 eetlepels ongezouten boter, zacht
- ⅓ kopje donkerbruine suiker, stevig verpakt
- ⅓ kopje banketbakkerssuiker
- 1½ kopje griesmeelmeel
- ½ theelepel zout
- ½ kopje toffeestukjes
- 1 kop pure chocoladestukjes
- ⅓ kopje gehakte amandelen

INSTRUCTIES:

a) Verwarm de oven tot 350 ° F (180 ° C). Meng het spek en de lichtbruine suiker in een middelgrote kom en leg het in een enkele laag op een bakplaat.

b) Bak gedurende 20 tot 25 minuten of tot het spek goudbruin en knapperig is. Haal uit de oven en laat 15 tot 20 minuten afkoelen. Snijd in kleine stukjes.

c) Verlaag de oventemperatuur naar 340 ° F (171 ° C). Bekleed een bakvorm van 23×33 cm met aluminiumfolie, besproei met anti-aanbakspray en zet opzij.

d) Meng in een grote kom boter, ongezouten boter, donkerbruine suiker en banketbakkerssuiker met een elektrische mixer op gemiddelde snelheid tot het licht en luchtig is. Voeg geleidelijk griesmeelmeel en zout toe en meng tot alles net gemengd is. Roer ¼ kopje toffeestukjes erdoor tot ze gelijkmatig verdeeld zijn.

e) Druk het deeg in de voorbereide pan en bak gedurende 25 minuten of tot het goudbruin is. Haal het uit de oven, bestrooi met stukjes pure chocolade en laat 3 minuten staan, of tot de stukjes zacht zijn.

f) Verdeel de zachte chocolade gelijkmatig erover en bestrooi met amandelen, gekonfijt spek en de resterende stukjes toffee van ¼ kopje. Laat 2 uur afkoelen of tot de chocolade gestold is. Snijd in 16 vierkanten van 5 cm.

g) Bewaren: In een luchtdichte verpakking in de koelkast maximaal 1 week bewaren.

44. Toffee-krakelingstaafjes

INGREDIËNTEN:
- 12 krakelingstaven
- 1 kopje melkchocoladestukjes
- 1/2 kop toffeestukjes
- Diverse hagelslag of gehakte noten (optioneel)

INSTRUCTIES:
a) Bekleed een bakplaat met bakpapier.
b) Smelt de melkchocoladestukjes in een magnetronbestendige kom in intervallen van 30 seconden, terwijl je tussendoor roert, tot een gladde massa.
c) Doop elk pretzelstaafje in de gesmolten chocolade en gebruik een lepel om het gelijkmatig te bedekken.
d) Laat eventuele overtollige chocolade eraf druipen en plaats de gecoate krakelingstaaf op de voorbereide bakplaat.
e) Strooi de stukjes toffee onmiddellijk over de chocoladelaag en druk zachtjes aan om te hechten.
f) Bestrooi indien gewenst met diverse hagelslag of gehakte noten voor extra textuur en smaak.
g) Zet de bakplaat ongeveer 15 minuten in de koelkast, zodat de chocolade kan opstijven.
h) Eenmaal uitgehard, bewaart u de toffee-krakelingstaven in een luchtdichte verpakking op kamertemperatuur. Geniet van deze zoete en hartige lekkernijen als heerlijk tussendoortje!

NAGERECHT

45.Kleverige Toffee Pudding Met Rum Karamelsaus

INGREDIËNTEN:
TAART:
- 170 g boter
- 280 g demerarasuiker
- 4 eieren
- 2 theelepel vanille-extract
- 1 ½ eetl stroop
- 350 g zelfrijzend bakmeel
- 2 theelepels bicarbonaatsoda
- 100 ml melk

KARAMELSAUS:
- 75 g boter
- 1 eetl stroop
- 300 g demerarasuiker
- 300 ml dubbele room
- 2 eetlepels rum

INSTRUCTIES:
BEREIDING VAN DE CAKE:
a) Verwarm uw oven voor op 180°C. Vet een ovenschaal in. Strooi een kleine hoeveelheid bloem over het ingevette oppervlak. Verplaats de bloem rond de schaal en bedek alle gebieden.
b) Meng de boter en demerarasuiker in een mengkom tot een kruimelig mengsel ontstaat.
c) Klop in een andere kom de eieren los en voeg 2 theelepels vanille-extract toe.
d) Voeg het eimengsel langzaam toe aan het boter-suikermengsel en meng goed.
e) Roer 1½ eetlepel stroop erdoor tot het volledig in het beslag is opgenomen.
f) Meng in een ondiepe kom of bord zelfrijzend bakmeel en baksoda. Voeg geleidelijk het bloemmengsel toe aan het beslag en spatel het erdoor.
g) Voeg langzaam de melk toe en mix tot er een glad beslag ontstaat. Let op: NIET te veel vouwen.

h) Giet het beslag in de voorbereide ovenschaal en verdeel het gelijkmatig.
i) Bak in de voorverwarmde oven gedurende 35-65 minuten, of totdat de cake goudbruin is en een tandenstoker die je in het midden steekt er schoon uitkomt.

BEREIDING VAN DE KARAMELSAUS:
j) Smelt de boter in een pan op middelhoog vuur.
k) Roer de stroop en demerarasuiker erdoor.
l) Kook, onder voortdurend roeren, tot de suiker is opgelost en het mengsel glad is.
m) Giet geleidelijk de room erbij, onder voortdurend roeren.
n) Laat het mengsel 5-7 minuten sudderen, af en toe roeren, tot het iets dikker wordt.
o) Haal de pan van het vuur en roer de rum erdoor.

PORTIE:
p) Laat de taart 30 minuten afkoelen.
q) Serveer met een flinke scheut rum-karamelsaus.
r) Eventueel serveren met aardbeien erop.

46. Vochtige kleverige toffee omgekeerde bananencake

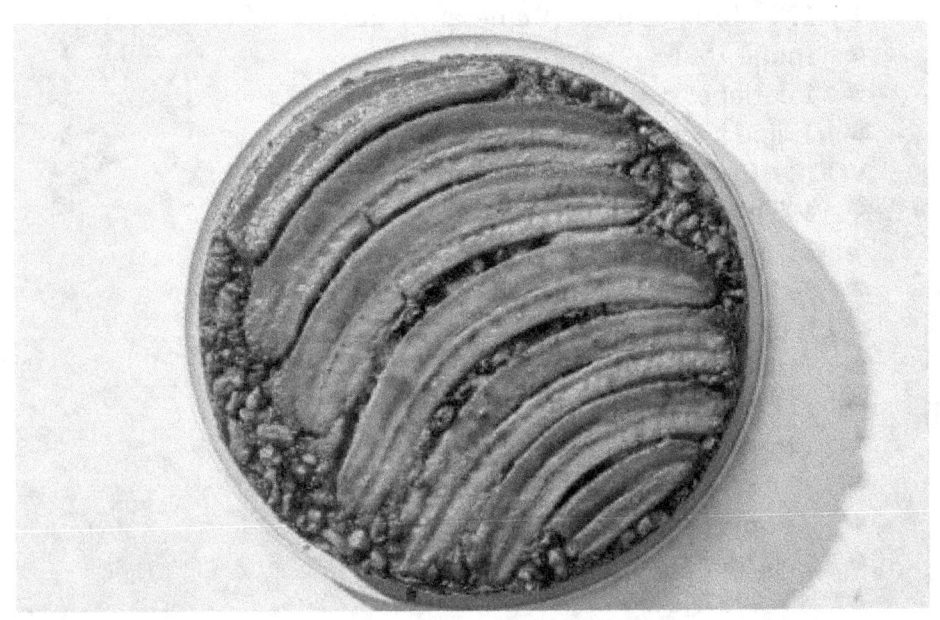

INGREDIËNTEN:
VOOR DE TOPPING:
- 90 g boter
- 180 g bruine suiker (Demerarasuiker)
- Snufje zout
- 1 eetlepel stroop
- 2 rijpe bananen, in plakjes gesneden

VOOR HET CAKEBESLAG:
- 405 g gewone bloem
- 1 ½ theelepel zuiveringszout
- 300 g bruine suiker
- ½ theelepel zout
- 2 rijpe bananen, gepureerd
- 1 ½ eieren (lichtgeklopt)
- 1 theelepel vanille-essence
- 90 g karnemelk
- ⅓ kopje gesmolten boter
- 1 eierdooier
- ⅓ kopje Melk

VOOR DE KLEVERIGE TOFFEESAUS:
- 35 g boter
- 150 g bruine suiker
- 150 ml slagroom
- 1 eetlepel stroopsaus

INSTRUCTIES:
a) Verwarm de oven voor op 165°C.
b) Vet een ronde cakevorm van 9 inch goed in. Opzij zetten.

BEREIDING VAN DE TOPPING:
c) Smelt de boter in een pan op middelhoog vuur.
d) Roer de bruine suiker erdoor tot de suiker is opgelost en het mengsel glad is.
e) Voeg het zout en de stroop toe en roer tot de saus is ingedikt.
f) Giet het karamelmengsel in de voorbereide cakevorm en verdeel het gelijkmatig.
g) Verdeel de gesneden bananen over de karamel. Opzij zetten.

BEREIDING VAN HET CAKEBESLAG:
h)   Zeef de bloem en het baksoda in een grote mengkom.
i)   Roer de bruine suiker en het zout erdoor. Opzij zetten.
j)   Pureer in een andere kom of kan de rijpe bananen.
k)   Breek de eieren in een kleine kom en voeg het vanille-extract toe. Klop goed.
l)   Voeg het mengsel van losgeklopte eieren, karnemelk, gesmolten boter en eigeel toe aan de geprakte bananen. Klop tot alles goed gemengd is.
m) Voeg de natte ingrediënten toe aan de droge ingrediënten. Vouw het mengsel voorzichtig totdat het glad is.
n)   Giet geleidelijk ⅓ kopje melk door het mengsel totdat er een glad beslag ontstaat.
o)   Giet het beslag over de gekarameliseerde bananentopping in de cakevorm en verdeel het gelijkmatig met een spatel.
p)   Bak in de voorverwarmde oven gedurende 45 minuten, of totdat een tandenstoker die je in het midden van de cake steekt er schoon uitkomt.

BEREIDING VAN DE KLEVERIGE TOFFEESAUS:
q)   Smelt de boter in een kleine pan op middelhoog vuur.
r)   Voeg de bruine suiker toe en kook, onder voortdurend roeren, tot de suiker is opgelost en het mengsel glad is.
s)   Giet langzaam de slagroom erbij, onder voortdurend roeren, tot alles goed gemengd is. Roer de stroopsaus erdoor en laat inkoken en reduceren.
t)   Zodra de cake gebakken is, haal je hem uit de oven en laat je hem 10 minuten afkoelen in de vorm.
u)   Keer de cake voorzichtig om op een serveerschaal, zodat de gekarameliseerde bananentopping de bodem van de cake wordt.
v)   Serveer de Moist Sticky Toffee Upside Down Banana Cake warm, besprenkeld met de bereide sticky toffeesaus.
w) Geniet ervan met een bolletje ijs voor een extra verwennerij!

47. Kleverige toffee gekruide appelpudding

INGREDIËNTEN:
VOOR DE GEKRUIDE APPELCAKE:
- 3 kopjes (350 g) bloem voor alle doeleinden
- 1 ½ theelepel bakpoeder
- ½ theelepel bicarbonaatsoda
- ½ theelepel zout
- 1 theelepel kaneel
- ¾ theelepel piment
- 1 3/8 kop (280 g) fijne Demerara-suiker
- ¾ kopje (185 g) boter
- 3 eieren
- 2 theelepels Vanille-essence
- ½ kopje (118 ml) zure room
- 1 ½ eetlepel stroop
- ½ kopje (118 ml) melk
- 1 Appel, geschild, klokhuis verwijderd en in stukjes gesneden

VOOR DE TOFFEESAUS:
- 50 g boter
- 200 g Demerara-suiker
- 250 ml Dubbele room
- 1 appel, in blokjes ter garnering
- Gemalen Pecannoten

INSTRUCTIES:
BEREIDING VAN GEKRUIDE APPELCAKE:
a) Verwarm de oven voor op 180°C. Vet een tulbandvorm in met boter. Bestuif de pan met bloem en tik zachtjes op de pan om de bloem gelijkmatig over de pan te verdelen. Opzij zetten.

b) Meng in een kom het bloem voor alle doeleinden, bakpoeder, zuiveringszout, zout, kaneel en piment. Opzij zetten.

c) Klop in een grote mengkom de Demerara-suiker en boter licht en luchtig.

d) Breek de eieren in een kleine kom en voeg de vanille-essence toe. Klop goed.

e) Meng de zure room en de stroop erdoor tot alles goed gemengd is.

f) Klop het eimengsel geleidelijk door het suiker-botermengsel. Opmerking: het mengsel kan schiften, maar dat is oké; de toevoeging van bloem zal dit helpen corrigeren.

g) Spatel het bloemmengsel erdoor en voeg geleidelijk de melk toe. Meng tot het beslag glad is.

h) Vouw de geraspte appel erdoor tot deze gelijkmatig door het beslag is verdeeld.

i) Giet het beslag in de voorbereide bakvorm en verdeel het gelijkmatig.

j) Bak in de voorverwarmde oven gedurende 40-45 minuten, of totdat een tandenstoker die je in het midden steekt er schoon uitkomt.

BEREIDING VAN TOFFEESAUS:

k) Smelt de boter in een pan op laag vuur. Voeg 200 g Demerarasuiker toe en kook, onder voortdurend roeren, tot de suiker is opgelost en het mengsel glad is. Zet de verwarming uit.

l) Giet langzaam de slagroom erbij, onder voortdurend roeren.

MONTAGE:

m) Zodra de cake gebakken is, haal je hem uit de oven en laat je hem een paar minuten afkoelen.

n) Giet de warme toffeesaus over de bovenkant van de cake, zodat deze het oppervlak gelijkmatig bedekt.

o) Voeg aan de overgebleven saus de appelblokjes toe. Meng en laat 3-4 minuten koken tot het enigszins zacht is.

p) Strooi gemalen pecannoten rond de cake en beleg met de zachte toffee-appels.

q) Serveer de Xmas Sticky Toffee Spiced Apple Pudding warm, met extra toffeesaus ernaast.

48.Karamel- en toffee- ijs

INGREDIËNTEN:
- 1 ½ kopje volle melk
- 1 ½ eetlepel maizena
- ½ kopje zoete Marsala-wijn
- 1 ¼ kopjes zware room
- 2 eetlepels lichte glucosestroop
- 4 eetlepels mascarponekaas, zacht
- ¼ theelepel zout
- ⅔ kopje kristalsuiker
- ¾ kopje melkchocoladetoffeestukjes, zoals Heath-chips of gehakte Heath-reep

INSTRUCTIES:

a) Meet de melk af. Neem 2 eetlepels melk en combineer dit met het maïzena tot een papje, terwijl je voortdurend blijft kloppen. Opzij zetten. Voeg de Sweet Marsala-wijn toe aan de melk.

b) Meet de slagroom af en voeg de glucosestroop eraan toe. Doe de mascarpone in een grote kom en klop het zout erdoor. Opzij zetten.

c) Om de gebrande karamel te maken, verwarm je een grote pan op middelhoog vuur en voeg je de suiker toe. Zorg ervoor dat deze in één laag zit en de hele bodem van de pan bedekt. Bekijk de suiker totdat deze begint te smelten en de buitenkant karamelachtig en smeltend wordt.

d) Zodra er nog maar een kleine hoeveelheid witte suiker in het midden achterblijft, gebruik je een hittebestendige spatel en schraap je de gesmolten suiker vanaf de zijkanten naar het midden.

e) Blijf dit doen totdat alle suiker is gesmolten en roer goed. Kijk hoe de suiker begint te borrelen en zodra de randen borrelen en er rook vrijkomt en de suiker een donker amberkleurige kleur krijgt, haal je de suiker van het vuur. De enige manier om het echt te beoordelen voordat het BURN brandt, is door er voorzichtig overheen te gaan staan en te ruiken/kijken. Zodra je het van het vuur haalt, voeg je een paar eetlepels van het room-/glucosestroopmengsel toe en klop je voortdurend om te combineren. Voeg langzaam de resterende room toe, heel langzaam en voortdurend kloppend.

f) Zet de pan terug op middelhoog vuur en voeg het melk/Marsala-wijnmengsel toe. Breng het mengsel aan de kook.
g) Kook gedurende 4 minuten. Haal van het vuur en klop de maizena-slurry erdoor en klop om te combineren. Zet het terug op het vuur en kook nog 1-2 minuten, roer met een spatel tot het iets dikker is. Giet het mengsel voorzichtig in de grote kom met de mascarpone en klop het door elkaar.
h) Vul een grote kom met ijs en ijswater en plaats een open ritssluitingszak ter grootte van een gallon in het water, van onder naar beneden. Giet het mengsel voorzichtig in de zak, druk de lucht eruit en sluit af. Laat 30-45 minuten afkoelen.
i) Eenmaal gekoeld, karnen volgens instructies.
j) Eenmaal gekarnd, verspreid in een diepvriescontainer en plaats een stuk plasticfolie erop, druk tegen het ijs. Vries 4-6 uur in voordat u het serveert. Let op: dit ijs is zacht!

49. Citroenijsbrûlée met toffee

INGREDIËNTEN:
- 1 kopje zware room
- 1 kopje volle melk
- 4 eierdooiers
- ½ kopje kristalsuiker
- 1 eetlepel geraspte citroenschil
- 1 druppel essentiële citroenolie
- ½ kopje toffeestukjes
- Kristalsuiker, voor karameliseren
- Frambozen, om te serveren

INSTRUCTIES:
a) Verhit de slagroom, de volle melk en de citroenschil in een pan op middelhoog vuur tot het begint te sudderen. Haal van het vuur.
b) Klop in een aparte kom de eierdooiers, suiker en essentiële citroenolie tot ze goed gemengd zijn.
c) Giet het hete roommengsel langzaam bij het eigeelmengsel en blijf voortdurend kloppen.
d) Doe het mengsel terug in de pan en kook op laag vuur, onder voortdurend roeren, tot het dikker wordt en de achterkant van een lepel bedekt. Laat het niet koken.
e) Haal van het vuur en laat het mengsel afkoelen tot kamertemperatuur. Zet vervolgens minimaal 4 uur of een nacht in de koelkast.
f) Giet het gekoelde mengsel in een ijsmachine en draai het volgens de aanwijzingen van de fabrikant.
g) Voeg tijdens de laatste paar minuten van het karnen de toffeestukjes toe en blijf roeren tot ze gelijkmatig verdeeld zijn.
h) Doe het gekarnde ijs in een bakje en vries het minimaal 2 uur in om op te stijven.
i) Strooi vlak voor het serveren een dun laagje kristalsuiker over elke portie. Gebruik een keukenbrander om de suiker te karameliseren tot er een knapperig korstje ontstaat.
j) Laat de suiker een paar minuten uitharden, serveer en geniet ervan.

50. Toffee Truffels

INGREDIËNTEN:
- 1/2 kopje boter, verzacht
- 1/2 kopje toffee-bakstukjes
- 3/4 kopje verpakte bruine suiker
- 1 pond chocolade-banketbakkerscoating
- 1 theelepel vanille-extract
- 21/4 kopje bloem voor alle doeleinden
- 1 (14 ounces) blikje gezoete gecondenseerde melk
- 1/2 kopje miniatuur halfzoete chocoladestukjes

INSTRUCTIES:
a) Voeg in een grote kom de bruine suiker en boter toe en klop met een elektrische mixer tot een gladde massa.
b) Roer het vanille-extract erdoor.
c) Voeg langzaam de bloem toe, afwisselend met gezoete gecondenseerde melk, en klop goed na elke toevoeging.
d) Spatel voorzichtig de chocoladestukjes en stukjes toffee erdoor.
e) Maak met een kleine koekjesschep balletjes van 1 inch en schik ze op met bakpapier beklede bakplaten.
f) Zet ongeveer 1 uur in de koelkast.
g) Smelt de chocoladecoating in een magnetronbestendige glazen kom in intervallen van 30 seconden, roer na elke smelting ongeveer 1-3 minuten
h) Dompel de deegballen in de chocoladelaag en gooi het overtollige weg.
i) Schik ze op met bakpapier beklede bakplaten en bestrooi de truffels met de extra stukjes toffee.
j) Zet in de koelkast tot het stevig is, ongeveer 15 minuten. Bewaar in de koelkast.

51.Miso-karamel peer kleverige toffeecakes

INGREDIËNTEN:
PEREN STICKY TOFFEE CAKES:
- 1 kopje gedroogde dadels (ongeveer 6 ons), ontpit en grof gehakt
- 1 kop bloem voor alle doeleinden, plus extra om te bestuiven
- 1 theelepel gemalen kaneel
- 3/4 theelepel bakpoeder
- 3/4 theelepel zuiveringszout
- 1/2 theelepel koosjer zout
- 3/4 kop verpakte lichtbruine suiker
- 1/4 kop ongezouten boter, plus meer voor het invetten van de vorm
- 2 grote eieren
- 2 middelgrote Bartlett- of Anjou-peren, geschild, zonder klokhuis en in stukjes van 1/3 inch gesneden (ongeveer 2 kopjes)

MISO-KARAMELSAUS:
- 3/4 kop ongezouten boter (6 ons)
- 1 kopje verpakte lichtbruine suiker
- 1/2 kop witte miso (biologisch, indien mogelijk)
- 1 kopje zware room

SLAGROOM:
- 1 kopje zware room

INSTRUCTIES:
MAAK DE PEREN STICKY TOFFEE CAKES:
a) Verwarm de oven voor op 350 ° F. Vet een muffinvorm met 12 kopjes in met zachte boter en bestuif deze met bloem; opzij zetten.

b) Roer in een kleine pan de dadels en 1 kopje water door elkaar. Breng op middelhoog vuur aan de kook en kook, onder af en toe roeren, tot de dadels zacht zijn en het grootste deel van de vloeistof is opgenomen, ongeveer 5 minuten. Haal van het vuur en laat het 5 minuten afkoelen. Pureer het mengsel met een aardappelstamper of vork tot het grotendeels glad is; zet het opzij.

c) Roer in een aparte kom de bloem, kaneel, bakpoeder, bakpoeder en zout door elkaar; opzij zetten.

d) Doe de bruine suiker en boter in de kom van een keukenmixer voorzien van het paddle-opzetstuk. Klop op middelhoge snelheid tot het mengsel licht en luchtig wordt, wat ongeveer 4 tot 5 minuten duurt.

e) Voeg de eieren één voor één toe en klop goed na elke toevoeging. Voeg, terwijl de mixer op lage snelheid draait, geleidelijk het bloemmengsel toe en klop tot het net gemengd is, gedurende ongeveer 1 tot 2 minuten. Zorg ervoor dat u stopt en indien nodig de zijkanten van de kom schoonschraapt.

f) Roer het dadelmengsel erdoor en spatel de perenstukjes erdoor.

g) Schep het beslag gelijkmatig in de voorbereide muffinvorm en vul elk kopje ongeveer 1/3 inch vanaf de bovenkant (ongeveer 1/3 kopje elk). U kunt het resterende beslag weggooien of bewaren voor ander gebruik.

h) Bak in de voorverwarmde oven tot een houten prikker die in het midden van de cakes wordt gestoken er schoon uitkomt, wat ongeveer 18 tot 22 minuten duurt.

MAAK DE MISO-KARAMELSAUS:
i) Smelt de boter in een middelgrote pan op middelhoog vuur. Voeg bruine suiker en miso toe en klop tot ze oplossen, meestal binnen 1 tot 2 minuten.

j) Klop de slagroom erdoor en laat het mengsel aan de kook komen. Kook het terwijl u constant zwaait gedurende ongeveer 1 minuut. Haal het van het vuur en zet het opzij voor later gebruik.

NA HET BAKKEN VAN DE CAKES:
k) Haal ze uit de oven en prik onmiddellijk gaten in de cakes met een houten prikker.
l) Schep ongeveer 1 eetlepel miso-karamelsaus over elke cake.
m) Laat de cakes 20 minuten afkoelen in de muffinvorm en prik af en toe extra gaatjes om de saus te laten intrekken.

MAAK DE SLAGROOM:
n) Klop de slagroom in de kom van een keukenmixer voorzien van het gardeopzetstuk op middelhoge snelheid tot er zachte pieken ontstaan, meestal in 1 tot 2 minuten.

SERVEREN:
o) Gebruik een kleine spatel om elke cake los te maken van de muffinvorm.
p) Keer de cakes om op individuele serveerborden en bestrijk ze elk met ongeveer 1 1/2 eetlepel miso-karamelsaus.
q) Serveer met slagroom en de overgebleven miso-karamelsaus. Genieten!

52.Chocolade -mokka -toffeechipkoekjes

INGREDIËNTEN:
- 6 ons ongezouten boter, licht verzacht
- 5 ¼ ons kristalsuiker
- 6 ons lichtbruine suiker
- 2 grote eieren
- 1 theelepel vanille-extract
- 11 ¼ ounces ongebleekte bloem voor alle doeleinden
- 1 theelepel zuiveringszout
- 1 theelepel zout
- ⅛ theelepel espressopoeder
- ¼ theelepel gemalen kaneel
- 7 ons bitterzoete chocoladestukjes
- 7 ons mokka-chips
- 3 ons toffeestukjes

INSTRUCTIES:
a) Verwarm uw oven voor op 350 graden F (175 graden C).
b) Meng in de kom van een keukenmixer, met behulp van het paddle-opzetstuk, de licht zachte boter, kristalsuiker en lichtbruine suiker op gemiddelde snelheid gedurende ongeveer twee minuten tot het mengsel romig en goed gemengd is.
c) Voeg de eieren één voor één toe en klop telkens tot ze volledig zijn opgenomen.
d) Roer het vanille-extract erdoor en klop tot het mengsel goed gemengd is.
e) Meng in een aparte middelgrote kom het ongebleekte bloem voor alle doeleinden, bakpoeder, zout, espressopoeder en gemalen kaneel.
f) Voeg geleidelijk de droge ingrediënten toe aan het boter-suikermengsel. Meng eerst met een spatel en schakel vervolgens over naar het paddle-opzetstuk, terwijl u mengt totdat de droge ingrediënten in het deeg zijn opgenomen.
g) Spatel voorzichtig de bitterzoete chocoladestukjes, mokkachips en toffeestukjes erdoor tot ze gelijkmatig door het deeg zijn verdeeld.
h) Bekleed je bakplaten met bakpapier. Gebruik een eetlepelschepje of een gewone eetlepel en laat het koekjesdeeg in hoopjes op de

bakplaten vallen, met een onderlinge afstand van ongeveer vijf centimeter.

i) Bak de koekjes vel voor vel in de voorverwarmde oven gedurende ongeveer 12 minuten, of tot de randen licht goudbruin zijn. De middelpunten moeten nog enigszins zacht zijn.

j) Haal de koekjes uit de oven en laat ze afkoelen op een rooster.

k) Eenmaal afgekoeld zijn deze Chocolate Mocha Toffee Chip Cookies klaar om van te genieten. Ze zijn een heerlijke mix van chocolade, mokka en toffee in elke hap!

53.Toffee-mokkataart

INGREDIËNTEN:
VOOR DE KORST:
- 1 ½ kopje gemalen chocoladekoekjes (zoals chocoladecrackers of chocoladewafels)
- 6 eetlepels ongezouten boter, gesmolten

VOOR DE VULLING:
- 1 kopje zware room
- ½ kopje melk
- ¼ kopje kristalsuiker
- 2 eetlepels oploskoffiekorrels
- 1 eetlepel maizena
- ¼ theelepel zout
- 4 grote eidooiers
- 1 theelepel vanille-extract
- ½ kopje toffeestukjes of gemalen toffeesnoepjes

VOOR DE TOPPING:
- 1 kopje zware room
- 2 eetlepels poedersuiker
- ½ theelepel vanille-extract
- Chocoladeschaafsel of cacaopoeder, voor garnering (optioneel)

INSTRUCTIES:

a) Verwarm uw oven voor op 175°C.

b) Meng in een mengkom de gemalen chocoladekoekjes en de gesmolten boter. Meng tot de kruimels gelijkmatig bedekt zijn.

c) Druk het kruimelmengsel in de bodem en langs de zijkanten van een 9-inch taartvorm om de korst te vormen.

d) Bak de korst in de voorverwarmde oven gedurende ongeveer 10 minuten. Haal het uit de oven en laat het volledig afkoelen.

e) Meng in een pan de slagroom, melk, kristalsuiker, oploskoffiekorrels, maizena en zout. Klop tot de koffiekorrels en het maizena zijn opgelost.

f) Zet de pan op middelhoog vuur en kook, onder voortdurend roeren, tot het mengsel dikker wordt en zachtjes kookt.

g) Klop in een aparte kom de eidooiers los. Voeg geleidelijk een kleine hoeveelheid van het hete roommengsel toe aan de eierdooiers, terwijl u voortdurend blijft kloppen. Dit tempert de eieren en voorkomt dat ze gaan klauteren.

h) Giet het getemperde eimengsel langzaam terug in de pan en blijf voortdurend kloppen.

i) Ga door met het koken van het mengsel op middelhoog vuur, onder voortdurend roeren, totdat het dikker wordt tot een puddingachtige consistentie. Haal van het vuur.

j) Roer het vanille-extract en de toffeestukjes erdoor tot ze gelijkmatig door de vulling zijn verdeeld.

k) Giet de vulling in de afgekoelde korst en verdeel het gelijkmatig.

l) Bedek de taart met plasticfolie en zorg ervoor dat deze het oppervlak van de vulling raakt om velvorming te voorkomen. Zet het minstens 4 uur in de koelkast of tot het opgesteven is.

m) Maak voor het serveren de slagroomtopping klaar. Klop in een mengkom de slagroom, de poedersuiker en het vanille-extract tot er zachte pieken ontstaan.

n) Verdeel of spuit de slagroom over de gekoelde taart.

o) Optioneel: Garneer met chocoladeschaafsel of een laagje cacaopoeder.

p) Snijd en serveer de toffee-mokkataart en geniet van de rijke, romige en heerlijke smaken!

q) Deze toffee-mokkataart zal zeker indruk maken met de combinatie van koffie, toffee en chocolade. Het is een perfect dessert voor elke gelegenheid of om uw trek in zoetekauwen te stillen.

54. Pot de crème met toffeescherven van roos en pistache

INGREDIËNTEN:
- ⅔ kopje (100 g) geraspte pistachenoten
- ¼ kopje gedroogde rozenblaadjes (zie opmerking)
- 345 g kristalsuiker
- 2 goudkleurige gelatineblaadjes (zie opmerking)
- ¾ kopje (185 ml) melk
- 5 eierdooiers
- 1 eetlepel rozenwater (zie opmerking)
- 2 druppels roze voedselkleurstof
- 300 ml verdikte room, plus extra slagroom om te serveren
- Onbespoten verse rozenblaadjes, ter garnering

INSTRUCTIES:
a) Combineer de geschaafde pistachenoten en gedroogde rozenblaadjes en verdeel ze gelijkmatig over een met bakpapier beklede bakplaat.
b) Doe 220 gram suiker en ¼ kopje (3 eetlepels) water in een pan op laag vuur. Roer tot de suiker oplost. Verhoog het vuur tot medium. Kook zonder roeren gedurende 3-4 minuten tot een lichtgouden karamel. Giet de karamel over de noten en bloemblaadjes op de bakplaat en zet het geheel 15 minuten opzij om volledig af te koelen. Eenmaal afgekoeld, breek de karamel in scherven. (Je kunt dit een dag van tevoren doen en de scherven in een luchtdichte verpakking bewaren.)
c) Week de gelatineblaadjes 5 minuten in koud water, zodat ze zacht worden. Breng ondertussen de melk in een pan op middelhoog vuur tot net onder het kookpunt.
d) Klop in een kom de eidooiers en de resterende 125 g suiker bleek. Klop geleidelijk de melk erdoor. Doe het mengsel vervolgens terug in de pan op laag vuur, onder voortdurend roeren tot het dik genoeg is om de achterkant van een lepel te bedekken.
e) Haal het mengsel van het vuur, knijp het overtollige water uit de gelatineblaadjes en voeg de gelatine toe aan het melkmengsel, roer tot alles goed gemengd is. Giet het mengsel door een zeef in een kom. Roer het rozenwater en de kleurstof erdoor. Laat het mengsel 1 uur afkoelen.

f) Klop de ingedikte room tot zachte pieken en spatel hem voorzichtig door het afgekoelde melkmengsel, waarbij u erop let zoveel mogelijk lucht binnen te houden. Verdeel het mengsel over zes schaaltjes van 150 ml. Zet de schaaltjes 4 uur in de koelkast tot de crème stevig is geworden. (Je kunt deze een dag van tevoren maken.)
g) Serveer de Rozenblaadjescrèmes met extra slagroom en de suikerscherven. Versier met verse rozenblaadjes.

55.Banoffee taart

INGREDIËNTEN:
VOOR DE BANANENCAKE:
- 2 kopjes All-purpose Flour
- 1 ½ theelepel bakpoeder
- ½ theelepel zuiveringszout
- ¼ theelepel zout
- ½ kopje ongezouten boter, verzacht
- 1 kopje kristalsuiker
- 2 grote eieren
- 1 theelepel vanille-extract
- 3 rijpe bananen, gepureerd
- ½ kopje karnemelk

VOOR DE TOFFEEVULLING:
- 1 (14 ounce) blikje gezoete gecondenseerde melk
- ½ kopje ongezouten boter
- ½ kopje lichtbruine suiker
- ½ theelepel vanille-extract

VOOR HET TOFFEE glazuur:
- 1 ½ kopjes ongezouten boter, verzacht
- 4 kopjes poedersuiker
- ¼ kopje toffeesaus (kan in de winkel worden gekocht of zelfgemaakt)
- 1 theelepel vanille-extract

OPTIONELE TOPPING:
- Gesneden bananen
- Chocoladeschaafsel
- Karamel saus

INSTRUCTIES:
VOOR DE BANANENCAKE:
a) Verwarm de oven voor op 180°C en vet twee ronde bakvormen van 22 cm in en bebloem ze.
b) Meng in een middelgrote kom de bloem, bakpoeder, zuiveringszout en zout. Opzij zetten.
c) Klop in een grote mengkom de zachte boter en de kristalsuiker tot een licht en luchtig geheel.
d) Voeg de eieren één voor één toe en klop goed na elke toevoeging. Roer het vanille-extract erdoor.
e) Meng de geprakte bananen erdoor tot alles goed gemengd is.
f) Voeg geleidelijk de droge ingrediënten toe aan het botermengsel, afgewisseld met de karnemelk, beginnend en eindigend met de droge ingrediënten. Meng tot het net gemengd is.
g) Verdeel het beslag gelijkmatig over de voorbereide cakevormen en strijk de bovenkant glad met een spatel.
h) Bak in de voorverwarmde oven gedurende ongeveer 25-30 minuten of totdat een tandenstoker die je in het midden van de cake steekt er schoon uitkomt.
i) Haal de cakes uit de oven en laat ze 10 minuten afkoelen in de bakvormen. Breng ze vervolgens over naar een rooster om volledig af te koelen.

VOOR DE TOFFEEVULLING:
j) Meng in een middelgrote pan de gezoete gecondenseerde melk, boter en bruine suiker.
k) Kook op middelhoog vuur, onder voortdurend roeren, tot het mengsel dikker wordt en een karamelachtige consistentie krijgt, ongeveer 10-15 minuten.
l) Haal van het vuur en roer het vanille-extract erdoor.
m) Laat de toffeevulling volledig afkoelen voordat je hem gebruikt.

VOOR HET TOFFEE glazuur:
n) Klop in een grote mengkom de zachte boter romig en glad.
o) Voeg geleidelijk de poedersuiker toe, één kopje per keer, en klop goed na elke toevoeging.
p) Roer de toffeesaus en het vanille-extract erdoor en blijf kloppen tot het glazuur licht en luchtig is.

MONTAGE:

q) Plaats een bananencakelaag op een serveerschaal of taartplateau. Verdeel een royale hoeveelheid toffeevulling gelijkmatig over de bovenkant.

r) Plaats de tweede cakevorm erop en bestrijk de hele cake met de toffeeglazuur, gebruik een spatel of cake smoother om een gladde afwerking te creëren.

s) Optioneel: Garneer de cake met gesneden bananen, chocoladeschaafsel en een scheutje karamelsaus voor extra decoratie en smaak.

t) Snijd de banoffee-cake in plakjes en serveer hem. Geniet ervan

56. No- Bake Vodka Toffee appeltaart

INGREDIËNTEN:
- 6 rode appels
- 1 eetlepel citroensap
- 230 g Grantham-peperkoek of pepernoten
- 60 g boter, gesmolten
- 300 ml dubbele room
- 50 gram poedersuiker
- 150 ml Griekse yoghurt
- 310 g lichte zachte kaas
- 2 eetlepels toffeewodka
- 3,5 ons kristalsuiker

INSTRUCTIES:

a)   Schil 4 appels en snijd ze in stukjes van 1 cm. Doe het in een glazen kom met het citroensap en zet het in de magnetron gedurende 3 minuten op vol vermogen. Goed roeren. Zet nog 2-3 minuten in de magnetron tot het papperig is met een paar kleine klontjes. Laat afkoelen.

b)   Maal de koekjes in een keukenmachine tot er fijne kruimels ontstaan. Voeg de boter toe en mix tot het gemengd is. Bekleed de bodem van een bakvorm met losse bodem van 20 cm met bakpapier. Voeg de kruimels toe en druk ze plat met de achterkant van een lepel. Koel tot het nodig is. Bekleed de zijkanten van de bakvorm met een lange strook bakpapier.

c)   Klop de room en de poedersuiker door elkaar tot er zachte pieken ontstaan. Doe de yoghurt, zachte kaas, wodka en appelmoes in een grote kom en roer voorzichtig tot alles gelijkmatig gemengd is – klop niet te lang. Spatel de crème er voorzichtig door. Schep het mengsel over de bodem, breng het waterpas met de achterkant van een lepel en zet het een nacht in de koelkast.

d)   Verwijder het klokhuis en snijd de laatste 2 appels in dunne plakjes. Dep droog met een keukenrol. Leg een vel keukenrol op een magnetronbestendig bord en verdeel de helft van de appelschijfjes erop. Magnetron op 800W gedurende 3 minuten. Draai de appelschijfjes om, dep ze droog met een keukenrol en zet ze nog 3 minuten in de magnetron tot ze slap en bijna droog zijn. Zet opzij en herhaal met de overgebleven appel.

e) Leg een vel bakpapier op een rooster. Doe de suiker en 4 eetlepels water in een kleine pan. Verwarm zachtjes zonder te roeren, tot de suiker smelt. Kook 3-4 minuten tot je een honing-gouden karamel hebt. Haal van het vuur, voeg ¼ van de gedroogde appel toe, roer tot het geheel bedekt is en til het er één voor één uit, zodat de overtollige karamel terug in de pan kan druppelen. Schik op het bakpapier.

f) Herhaal nog drie keer. Als de karamel dikker wordt, verwarm dan zachtjes gedurende 20 seconden.

g) Til de cheesecake op een bord en verwijder het bakpapier. Leg er karamelappelschijfjes op, strooi er eventueel gemalen gemberkoekjes over en serveer.

57. Toffee Poke-cake

INGREDIËNTEN:
- 1 pakje chocoladetaartmix (normale maat)
- 1 pot (17 ounces) boter -scotch-karamelijs-topping
- 1 doos (12 ounces) bevroren opgeklopte topping, ontdooid
- 1 kopje boter
- 3 Heath-snoeprepen (elk 1,4 ounce), gehakt

INSTRUCTIES:
a) Bereid en bak de cake volgens de aanwijzingen op de verpakking, met behulp van de boter.
b) Afkoelen op een rooster.
c) Prik met het handvat van een houten lepel gaatjes in de cake. Giet 3/4 kopje karameltopping in de gaten. Schep de resterende karamel over de cake. Top met opgeklopte topping. Bestrooi met snoep.
d) Zet minimaal 2 uur in de koelkast voordat u het serveert.

58.Banoffee-taartjes zonder bakken

INGREDIËNTEN:
VOOR DE BASISSEN:
- 1 kopje gedroogde dadels
- ½ kopje gemalen amandelen
- ¼ theelepel kaneel
- 1 kop rauwe cashewnoten

VOOR DE VULLING:
- ½ kopje gedroogde dadels
- ½ kopje pindakaas
- ½ theelepel vanille
- ¼ kopje kokosolie
- 1 banaan
- ¼ kopje kokosroom

VOOR DE TOPPING:
- ½ kopje kokosroom, gekoeld
- ½ banaan, in plakjes gesneden

INSTRUCTIES:
BEREIDING TARTLETBLOKJES:
a) Bekleed de bodem van 6 bakvormen van 10 cm met bakpapier of 1 bakvorm van 22 cm.
MAAK DE BASIS:
b) Week de dadels 10 minuten in kokend water en laat ze uitlekken.
c) Meng in een keukenmachine de geweekte dadels, gemalen amandelen, kaneel en rauwe cashewnoten.
d) Meng tot het plakkerig en goed gemengd is, waarbij je wat textuur behoudt. Verdeel het mengsel over de blikken en druk erop om de bodem en zijkanten van elk blik te bekleden. Zet het in de koelkast terwijl je de vulling klaarmaakt.
BEREIDING VAN DE VULLING:
e) Week de dadels 10 minuten in kokend water en laat ze uitlekken.
f) Meng in de keukenmachine de geweekte dadels, pindakaas, vanille, kokosolie, banaan en kokosroom. Mixen tot een gladde substantie. Schep de vulling in de taartvormpjes en strijk de bovenkant glad. Zet het minimaal 2 uur in de vriezer of tot het klaar is om te eten.
MONTEREN EN DIENEN:
g) Voor het serveren de gekoelde kokosroom stijfkloppen.
h) Schep op elk taartje een klodder opgeklopte kokosroom.
i) Werk af met gesneden banaan als heerlijke topping.

59. Banoffee-ijscoupe

INGREDIËNTEN:
- ½ kopje gehakte pecannoten
- 3 eetlepels boter
- ½ kopje verpakte donkerbruine suiker
- ⅔ kopje slagroom
- Snufje zout
- 1 (48 ounce) doos vanille-ijs
- 4 kleine bananen, in plakjes gesneden

INSTRUCTIES:

a) Rooster de gehakte pecannoten in een kleine, droge pan op middelhoog vuur tot ze geurig zijn, af en toe roerend. Haal uit de pan.

BEREIDING KARAMELSAUS:

b) Breng in een pan boter, donkerbruine suiker, room en zout op middelhoog vuur aan de kook.

c) Kook gedurende 1 tot 2 minuten, af en toe roerend, tot het mengsel dikker wordt en de suiker is opgelost. Laat de saus iets afkoelen.

MONTEER SUNDADES:

d) Schep een kleine hoeveelheid karamelsaus in elk van de 4 serveerbekers.

e) Voeg een bolletje vanille-ijs toe aan de saus.

f) Leg de gesneden bananen op het ijs.

g) Voeg nog een bolletje vanille-ijs toe.

h) Druppel nog meer karamelsaus over het ijs.

i) Bestrooi met de geroosterde pecannoten.

60. Brownie Toffee Trifle

INGREDIËNTEN:
- 1 pakket fudge browniemix (13 inch x 9 inch pangrootte)
- 4 theelepels oploskoffiekorrels
- ¼ kopje warm water
- 1¾ kopjes koude melk
- 1 pakje (3,4 ounces) instant vanillepuddingmix
- 2 kopjes opgeklopte topping
- 1 pakje (11 ounces) vanille of witte bakchips
- 3 Heath-snoeprepen (elk 1,55 ounce), gehakt

INSTRUCTIES:
a) Volg de instructies op de verpakking om brownies te bereiden en te bakken. Koel; snijd in ¾ inch. kubussen.

b) Smelt koffiekorrels in warm water. Klop het puddingmengsel en de melk gedurende 2 minuten op lage snelheid in een grote kom; klop het koffiemengsel erdoor. Spatel de opgeklopte topping erdoor.

c) Leg ½ brownieblokjes, candybars, vanillechips en pudding in een 3-qt. kleinigheidsglas/kom; herhaal lagen. Omslag; zet minimaal 1 uur in de koelkast voordat u het serveert.

61. Nootachtige Banoffee Bundt Cake

INGREDIËNTEN:
- 1 pakje Krusteaz Cinnamon Swirl Crumb Cake en Muffin Mix
- 1 ei
- ⅔ Kopje water
- 1 theelepel vanille-extract
- ½ kopje gehakte pecannoten
- ¼ kopje toffeestukjes
- 2 Rijpe bananen, gepureerd
- ¼ kopje karamelsaus
- Bak spray

INSTRUCTIES:

a) Verwarm de oven tot 350 ° F. Vet een braadpan met 6 kopjes licht in met kookspray.

b) Meng in een kom de cakemix, het ei, het water, het vanille-extract, ¼ kopje gehakte pecannoten, stukjes toffee en gepureerde bananen tot ze zijn opgenomen. Het beslag zal een beetje klonterig zijn.

c) Schep de helft van het beslag in de voorbereide tulbandvorm en verdeel het gelijkmatig. Strooi de helft van het kaneeltoppingzakje over het beslag. Giet het resterende beslag in kleine lepels over de bovenste laag en verdeel het over de rand van de pan. Strooi de resterende topping gelijkmatig over het beslag.

d) Bak in de voorverwarmde oven gedurende 40-45 minuten of totdat een tandenstoker die je in het midden steekt er schoon uitkomt.

e) Laat de cake 5-10 minuten afkoelen. Maak de randen van de cake los van de pan met een botermes en keer hem voorzichtig om op een serveerschaal.

f) Besprenkel de cake met karamelsaus en garneer met de overgebleven gehakte pecannoten.

62. Toffee Crunch Eclairs

INGREDIËNTEN:
VOOR HET SHOUXGEBAK:
- 1 kopje water
- 1/2 kopje ongezouten boter
- 1 kopje bloem voor alle doeleinden
- 4 grote eieren

VOOR DE VULLING:
- 2 kopjes banketbakkersroom met toffeesmaak

VOOR DE TOFFEE CRUNCH TOpping:
- 1 kopje toffeestukjes of gemalen toffeesnoepjes
- 1/2 kop gehakte noten (bijvoorbeeld amandelen of pecannoten)

VOOR HET GLAZUUR:
- 1/2 kopje pure chocolade, gehakt
- 1/4 kopje ongezouten boter
- 1 kopje poedersuiker
- 1/4 kop heet water

INSTRUCTIES:
SHOUXGEBAK:
a)   Verwarm uw oven voor op 190°C (375°F) en bekleed een bakplaat met bakpapier.
b)   Meng water en boter in een pan. Verhit op middelhoog vuur tot de boter smelt en het mengsel aan de kook komt.
c)   Haal van het vuur, voeg de bloem toe en roer krachtig tot het mengsel een bal vormt.
d)   Laat het deeg een paar minuten afkoelen, voeg dan één voor één de eieren toe en klop goed na elke toevoeging.
e)   Doe het deeg in een spuitzak en spuit de eclairs op de bakplaat.
f)   Bak ongeveer 30 minuten of tot ze goudbruin zijn. Laat afkoelen.

VULLING:
g)   Bereid banketbakkersroom met toffeesmaak. Je kunt toffee-extract of gemalen toffeestukjes toevoegen aan een klassiek recept voor banketbakkersroom, of een kant-en-klare banketbakkersroom met toffeesmaak gebruiken.
h)   Vul de éclairs met de banketbakkersroom met toffee-smaak met behulp van een spuitzak of een kleine lepel.

TOFFEE CRUNCH TOPPING:
i) Meng in een kom toffeestukjes en gehakte noten.
j) Strooi de toffee crunch-topping royaal over de gevulde éclairs, zodat een gelijkmatige dekking ontstaat.
GLAZUUR:
k) Smelt de pure chocolade en boter in een hittebestendige kom boven een dubbele boiler.
l) Haal van het vuur, voeg poedersuiker toe en roer geleidelijk heet water erdoor tot een gladde massa.
m) Dompel de bovenkant van elke éclair in het donkere chocoladeglazuur, zodat een gelijkmatige dekking ontstaat. Laat het teveel afdruipen.
n) Plaats de geglazuurde éclairs op een schaal en laat ze afkoelen tot de chocolade gestold is.
o) Serveer gekoeld en geniet van de zoete en knapperige goedheid van Toffee Crunch Éclairs!

63.Toffee - pindakaaskoekjes

INGREDIËNTEN:
- 1 rijpe banaan, gepureerd
- 1/4 kop romige pindakaas
- 1/4 kopje honing
- 1 theelepel vanille-extract
- 1 kop ouderwetse haver
- 1/4 kop toffeestukjes
- 1/4 kop gehakte noten (zoals amandelen of pecannoten)

INSTRUCTIES:

a) Verwarm uw oven voor op 175°C (350°F) en bekleed een bakplaat met bakpapier.

b) Meng in een grote mengkom de geprakte banaan, pindakaas, honing en vanille-extract tot een gladde massa.

c) Roer de haver, toffeestukjes en gehakte noten erdoor tot alles goed gemengd is.

d) Laat lepels koekjesdeeg op de voorbereide bakplaat vallen, met een onderlinge afstand van ongeveer 5 cm.

e) Maak elk koekje een beetje plat met de achterkant van een lepel.

f) Bak gedurende 12-15 minuten, of tot de randen goudbruin zijn.

g) Laat de koekjes een paar minuten afkoelen op de bakplaat voordat je ze op een rooster legt om volledig af te koelen.

h) Geniet van deze gezonde en heerlijke Toffee-ontbijtkoekjes als meeneem-ontbijtoptie!

64. Engelse toffee

INGREDIËNTEN:
- 1 kopje boter
- 1 ¼ kopjes witte suiker
- 2 eetlepels water
- ¼ kopje geschaafde amandelen
- 1 kopje chocoladestukjes

INSTRUCTIES:

a) Beboter een jellyroll-pan van 10 x 15 inch.

b) Smelt boter in een zware koekenpan op middelhoog vuur. Roer suiker en water erdoor. Breng aan de kook en voeg amandelen toe. Kook, onder voortdurend roeren, tot de noten geroosterd zijn en de suiker goudbruin is. Giet het mengsel in de voorbereide pan; verspreiden zich niet.

c) Strooi er onmiddellijk de chocoladestukjes overheen. Laat een minuutje staan en verdeel dan de chocolade erover. Laat volledig afkoelen en breek het dan in stukken.

65. Toffee-roomtaart

INGREDIËNTEN:
- 1-1/2 kopjes halve en halve room
- 1 pakje (3,4 ounces) instant vanillepuddingmix
- 6 Heath-snoeprepen (elk 1,4 ounce), gehakt
- 1 doos (8 ounces) bevroren opgeklopte topping, ontdooid, verdeeld
- 1 chocoladekruimelkorst (9 inch)

INSTRUCTIES:

a) Roer het puddingmengsel met de room gedurende 2 minuten in een grote kom. Laat het 2 minuten zitten. totdat het gedeeltelijk is uitgehard. Klop 1 kopje gehakt snoep erdoor. Vouw 2 kopjes opgeklopte topping erdoor. Giet over de korst.

b) Bestrijk de bovenkant met de overgebleven opgeklopte topping en besprenkel met het resterende snoep. Bevries, afgedekt, tot het stevig is gedurende minimaal 4 uur.

66.Toffeefondue

INGREDIËNTEN:
- 1 pakje Kraftkaramels (groot)
- ¼ kopje melk
- ¼ kopje sterke zwarte koffie
- ½ kopje Melkchocoladestukjes --
- Appelpartjes
- Banaan stukjes
- Marshmallows
- Angelfoodcake - blokjes van 1 inch

INSTRUCTIES:
a) Plaats karamel, melk, koffie en chocoladestukjes in de dubbele boiler; kook boven kokend water, roer, tot het gesmolten en gemengd is. Doe het in de fonduepan.
b) Speervruchten, marshmallows en cake op fonduevorken; duik in fondue.

67. Espresso Toffee Crunch Semifreddo

INGREDIËNTEN:
- 4 eierdooiers
- ½ kopje kristalsuiker
- 1 kopje zware room
- ¼ kopje sterke espresso, gekoeld
- ½ kopje toffeestukjes
- ¼ kopje gemalen, met chocolade omhulde espressobonen (voor garnering)

INSTRUCTIES:
a) Klop in een grote mengkom de eierdooiers en de suiker tot een bleek en romig mengsel.
b) Klop in een aparte kom de slagroom tot er zachte pieken ontstaan.
c) Spatel de gezette espresso en toffeestukjes voorzichtig door de slagroom.
d) Voeg geleidelijk het slagroommengsel toe aan het eigeelmengsel en roer voorzichtig tot alles goed gemengd is.
e) Giet het mengsel in een bakvorm of in individuele bakjes en bestrooi met gemalen, met chocolade omhulde espressobonen.
f) Zet het minimaal 6 uur of een hele nacht in de vriezer.
g) Om te serveren, haal het uit de vriezer en laat het een paar minuten op kamertemperatuur staan voordat je het aansnijdt.

68. Koffie-toffee parfaits

INGREDIËNTEN:
- 3 kopjes koffie ijsmelk

TOFFEE CRUNCH
- 6 eetlepels Bevroren, caloriearme slagroomtopping, ontdooid
- ½ kopje Stevig verpakte donkerbruine suiker
- ¼ kopje Gesneden amandelen
- 2 theelepels Stokmargarine, verzacht
- Plantaardige kookspray

INSTRUCTIES:
a) Schep ¼ kopje koffie-ijsmelk in elk van de 6 parfaitglazen, bedek elk met 2 eetlepels Toffee Crunch.
b) Herhaal de lagen en bedek elke parfait met 1 eetlepel opgeklopte topping. Vries in tot klaar om te serveren. Maakt: 6 porties.

VOOR TOFFEE CRUNCH:
c) Combineer suiker, amandelen en margarine in een keukenmachine en pulseer 10 keer of totdat de noten fijngehakt zijn. Druk het mengsel in een cirkel van 7 inch op een bakplaat bedekt met kookspray.
d) Rooster gedurende 1 minuut tot het bubbelt maar niet verbrandt. Haal uit de oven en laat 5 minuten staan. Draai de toffee voorzichtig om met een brede spatel en rooster nog een minuut.
e) Haal uit de oven en laat afkoelen. Breek het toffeemengsel in stukken van ½ inch.

69.Toffe Broodpudding

INGREDIËNTEN:
- 6 kopjes in blokjes gesneden brood van een dag oud
- 2 kopjes melk
- 1/2 kop zware room
- 3 grote eieren
- 1/2 kopje kristalsuiker
- 1 theelepel vanille-extract
- 1/2 kop toffeestukjes
- Karamelsaus om te serveren

INSTRUCTIES:
a) Verwarm uw oven voor op 175°C (350°F) en vet een ovenschaal van 9x13 inch in.
b) Plaats het in blokjes gesneden brood in de voorbereide ovenschaal.
c) Klop in een mengkom de melk, slagroom, eieren, suiker en vanille-extract tot alles goed gemengd is.
d) Giet het melkmengsel over de broodblokjes en zorg ervoor dat al het brood bedekt is.
e) Strooi de stukjes toffee gelijkmatig over de bovenkant.
f) Laat de broodpudding ongeveer 15 minuten staan, zodat het brood de vloeistof kan opnemen.
g) Bak gedurende 35-40 minuten, of tot de pudding gestold is en de bovenkant goudbruin is.
h) Serveer warm met karamelsaus erover gemotregend. Geniet van deze geruststellende Toffee Bread Pudding als heerlijk dessert!

70.Toffee Cheesecake-repen

INGREDIËNTEN:
- 2 kopjes graham crackerkruimels
- 1/2 kop ongezouten boter, gesmolten
- 16 ons roomkaas, verzacht
- 1/2 kopje kristalsuiker
- 2 grote eieren
- 1 theelepel vanille-extract
- 1/2 kop toffeestukjes

INSTRUCTIES:
a) Verwarm de oven voor op 175 °C en bekleed een ovenschaal van 20 x 20 cm met bakpapier.
b) Meng de crackerkruimels en de gesmolten boter in een mengkom tot ze goed gemengd zijn.
c) Druk het mengsel gelijkmatig in de bodem van de voorbereide ovenschaal om de korst te vormen.
d) Klop in een andere kom de roomkaas en de suiker tot een gladde en romige massa.
e) Voeg de eieren één voor één toe en klop goed na elke toevoeging. Roer het vanille-extract erdoor.
f) Vouw de toffeestukjes erdoor tot ze gelijkmatig door het mengsel zijn verdeeld.
g) Giet het roomkaasmengsel over de crackerkorst van Graham en verdeel het gelijkmatig.
h) Bak gedurende 25-30 minuten, of tot de randen stevig zijn en het midden lichtjes wiebelt.
i) Laat de cheesecakerepen volledig afkoelen in de ovenschaal voordat u ze in vierkanten snijdt. Geniet van deze rijke en romige Toffee Cheesecake Bars als een decadente traktatie!

71.Toffee Appelkrokant

INGREDIËNTEN:
- 4 kopjes gesneden appels (zoals Granny Smith of Honeycrisp)
- 1 eetlepel citroensap
- 1/2 kopje kristalsuiker
- 1/4 kopje bloem voor alle doeleinden
- 1/2 theelepel gemalen kaneel
- 1/4 theelepel gemalen nootmuskaat
- 1 kop ouderwetse haver
- 1/2 kopje bloem voor alle doeleinden
- 1/2 kop verpakte bruine suiker
- 1/4 kop toffeestukjes
- 1/2 kopje ongezouten boter, gesmolten

INSTRUCTIES:
a) Verwarm uw oven voor op 175°C (350°F) en vet een ovenschaal van 9x9 inch in.
b) Meng de gesneden appels in een grote kom met citroensap tot ze bedekt zijn.
c) Meng in een aparte kom de kristalsuiker, 1/4 kopje bloem, kaneel en nootmuskaat. Voeg dit mengsel toe aan de appels en schep om.
d) Verdeel het appelmengsel gelijkmatig in de voorbereide ovenschaal.
e) Meng in een mengkom de haver, 1/2 kopje bloem, bruine suiker en stukjes toffee. Roer de gesmolten boter erdoor tot het kruimelig is.
f) Verdeel het havermengsel gelijkmatig over de appels in de ovenschaal.
g) Bak gedurende 35-40 minuten, of tot de topping goudbruin is en de appels gaar zijn.
h) Serveer warm met een bolletje vanille-ijs of een toefje slagroom. Geniet van deze geruststellende Toffee Apple Crisp als heerlijk dessert!

72.Toffee Bananensplit

INGREDIËNTEN:
- 2 rijpe bananen
- 2 bolletjes vanille-ijs
- Chocolade saus
- Karamel saus
- Slagroom
- Maraschino Kersen
- Toffee stukjes

INSTRUCTIES:
a) Schil de bananen en snijd ze elk in de lengte doormidden.
b) Plaats de bananenhelften in een serveerschaal of boot.
c) Bestrijk elke bananenhelft met een bolletje vanille-ijs.
d) Besprenkel met chocoladesaus en karamelsaus.
e) Garneer met slagroom, marasquinkersen en een snufje toffeestukjes.
f) Serveer onmiddellijk en geniet van deze heerlijke Toffee Banana Split als klassiek dessert met een heerlijke twist!

73.Toffe Pecannotentaart

INGREDIËNTEN:
- 1 ongebakken taartbodem (zelfgemaakt of in de winkel gekocht)
- 3 grote eieren
- 1 kopje glucosestroop
- 1 kopje kristalsuiker
- 2 eetlepels ongezouten boter, gesmolten
- 1 theelepel vanille-extract
- Snufje zout
- 1 kopje gehakte pecannoten
- 1/2 kop toffeestukjes

INSTRUCTIES:
a) Verwarm uw oven voor op 175°C (350°F) en plaats de ongebakken taartbodem in een taartvorm van 9 inch.
b) Klop de eieren in een mengkom. Voeg de glucosestroop, suiker, gesmolten boter, vanille-extract en zout toe en meng tot alles goed gemengd is.
c) Roer de gehakte pecannoten en toffeestukjes erdoor tot ze gelijkmatig verdeeld zijn.
d) Giet het mengsel in de taartbodem.
e) Bak gedurende 50-60 minuten, of tot de vulling stevig is en de korst goudbruin is.
f) Laat de taart volledig afkoelen voordat je hem aansnijdt en serveert. Geniet van deze decadente Toffee Pecan Pie als een heerlijk dessert voor elke gelegenheid!

SPECERIJEN

74. Toffee Boter

INGREDIËNTEN:
- 1/2 kop ongezouten boter, verzacht
- 2 eetlepels poedersuiker
- 1/4 kop toffeestukjes

INSTRUCTIES:

a) Klop de zachte boter in een mengkom tot een gladde en romige massa.

b) Voeg de poedersuiker toe en klop tot alles goed gemengd is.

c) Vouw de toffeestukjes er voorzichtig door tot ze gelijkmatig verdeeld zijn.

d) Doe de toffeeboter in een serveerschaal of vorm er een blok van met plasticfolie.

e) Serveer de toffeeboter op toast, muffins, scones of pannenkoeken voor een rijke en heerlijke spread.

75.Toffee Vanille Glazuur

INGREDIËNTEN:
- 1½ kopjes ongezouten boter, verzacht
- 4 kopjes poedersuiker
- ¼ kopje toffeesaus (kan in de winkel worden gekocht of zelfgemaakt)
- 1 theelepel vanille-extract

INSTRUCTIES:
a) Klop in een grote mengkom de zachte boter romig en glad.
b) Voeg geleidelijk de poedersuiker toe, kopje voor kopje, en klop goed na elke toevoeging.
c) Roer de toffeesaus en het vanille-extract erdoor en blijf kloppen tot het glazuur licht en luchtig is.

76. Toffeesaus

INGREDIËNTEN:
- 1 kopje zware room
- 1/2 kopje ongezouten boter
- 1 kopje bruine suiker
- 1/4 kop toffeestukjes

INSTRUCTIES:

a) Meng in een pan de slagroom, ongezouten boter en bruine suiker op middelhoog vuur.

b) Roer voortdurend totdat de boter is gesmolten en de suiker is opgelost.

c) Breng het mengsel zachtjes aan de kook en zet het vuur laag.

d) Laat 5-7 minuten sudderen, af en toe roeren, tot de saus iets dikker wordt.

e) Haal van het vuur en roer de toffeestukjes erdoor tot ze gesmolten en opgenomen zijn.

f) Laat de toffeesaus iets afkoelen voordat je hem serveert. Druppel het over ijs, pannenkoeken, wafels of desserts voor een decadente toets.

77.Toffee slagroom

INGREDIËNTEN:

- 1 kopje zware room
- 2 eetlepels poedersuiker
- 1 theelepel vanille-extract
- 1/4 kop toffeestukjes

INSTRUCTIES:

a) Klop in een mengkom de slagroom, de poedersuiker en het vanille-extract tot er zachte pieken ontstaan.

b) Vouw de toffeestukjes er voorzichtig door tot ze gelijkmatig verdeeld zijn.

c) Gebruik de toffee-slagroom om warme chocolademelk, koffie, desserts of fruit mee te bedekken voor een romige en smaakvolle toevoeging.

78.Toffee Roomkaaspasta

INGREDIËNTEN:
- 8 ons roomkaas, verzacht
- 1/4 kop poedersuiker
- 1 theelepel vanille-extract
- 1/4 kop toffeestukjes

INSTRUCTIES:
a) Klop in een mengkom de zachte roomkaas tot een gladde en romige massa.
b) Voeg de poedersuiker en het vanille-extract toe en klop tot alles goed gemengd is.
c) Vouw de toffeestukjes er voorzichtig door tot ze gelijkmatig verdeeld zijn.
d) Verdeel de toffee-roomkaas op bagels, toast, muffins of crackers voor een zoete en romige topping.

79. Met toffee doordrenkte honing

INGREDIËNTEN:
- 1 kopje honing
- 1/4 kop toffeestukjes

INSTRUCTIES:

a) Verhit de honing in een kleine pan op laag vuur tot hij opgewarmd is.

b) Roer de toffeestukjes erdoor tot ze beginnen te smelten en in de honing trekken.

c) Haal van het vuur en laat iets afkoelen voordat je het in een pot of container doet.

d) Gebruik de met toffee doordrenkte honing om thee te zoeten, besprenkel over yoghurt of havermout, of gebruik als glazuur voor geroosterde groenten of vlees.

80. Toffee Glazuur

INGREDIËNTEN:
- 1 kopje poedersuiker
- 2 eetlepels melk of room
- 1/4 theelepel vanille-extract
- 2 eetlepels toffeestukjes

INSTRUCTIES:
a) Klop in een kom de poedersuiker, melk of room en het vanille-extract tot een gladde massa.
b) Roer de toffeestukjes erdoor tot ze gelijkmatig verdeeld zijn.
c) Sprenkel het glazuur over cakes, cupcakes, muffins of kaneelbroodjes voor een zoete en smaakvolle topping.

81.Toffee Siroop

INGREDIËNTEN:
- 1 kopje water
- 1 kopje kristalsuiker
- 1/4 kop toffeestukjes

INSTRUCTIES:

a) Meng water en kristalsuiker in een pan. Verhit op middelhoog vuur, af en toe roerend, tot de suiker is opgelost.

b) Zodra de suiker is opgelost, zet je het vuur laag en laat je het 5-7 minuten sudderen tot de siroop iets dikker wordt.

c) Haal van het vuur en roer de stukjes toffee erdoor tot ze smelten en in de siroop trekken.

d) Laat de toffeesiroop afkoelen voordat je hem in een fles of pot doet. Gebruik het om koffie of cocktails zoeter te maken, of om over pannenkoeken of wentelteefjes te sprenkelen.

82. Toffee Crème

INGREDIËNTEN:
- 1 kopje zware room
- 2 eetlepels poedersuiker
- 1/4 kop toffeestukjes

INSTRUCTIES:

a) Klop in een mengkom de slagroom en de poedersuiker tot er zachte pieken ontstaan.

b) Vouw de toffeestukjes er voorzichtig door tot ze gelijkmatig verdeeld zijn.

c) Serveer de toffeeroom naast taarten, schoenmakers of desserts voor een weelderige en romige begeleiding.

83. Toffee Pannenkoekensaus

INGREDIËNTEN:
- 1/2 kopje ahornsiroop
- 2 eetlepels toffeesaus (uit het recept voor toffeesaus)

INSTRUCTIES:

a) Verwarm de ahornsiroop in een kleine pan op laag vuur tot hij warm is.
b) Roer de toffeesaus erdoor tot het volledig gemengd is.
c) Haal van het vuur en laat iets afkoelen.
d) Giet de toffee-pannenkoeksaus over pannenkoeken of wafels voor een zoete en heerlijke ontbijttraktatie.

DRANKJES

84.Toffe milkshake

INGREDIËNTEN:
- 2 bolletjes vanille-ijs
- 1/2 kopje melk
- 1/4 kop toffeesaus (zie recept hierboven)
- Slagroom
- Toffeestukjes ter garnering

INSTRUCTIES:
a) Meng het vanille-ijs, de melk en de toffeesaus in een blender.
b) Meng tot een glad en romig mengsel.
c) Schenk de milkshake in een glas.
d) Bestrijk met slagroom en bestrooi met stukjes toffee.
e) Geniet van deze heerlijke en romige Toffee Milkshake!

85. Toffee ijsthee

INGREDIËNTEN:
- 1 kopje gebrouwen zwarte thee, gekoeld
- 1/4 kop toffeesiroop
- IJsblokjes
- Citroenschijfjes ter garnering

INSTRUCTIES:
a) Vul een glas met ijsblokjes.
b) Giet gebrouwen zwarte thee in het glas.
c) Roer de toffeesiroop erdoor tot alles goed gemengd is.
d) Garneer met schijfjes citroen.
e) Geniet van deze verfrissende en subtiel zoete Toffee Iced Tea!

86. Banoffee Frappuccino

INGREDIËNTEN:
- 1 kopje gezette koffie, gekoeld
- ½ kopje melk (zuivel of plantaardig)
- 2 rijpe bananen, bevroren
- 2 eetlepels toffeesiroop
- Slagroom als topping
- Gemalen toffeestukjes voor garnering

INSTRUCTIES:
a) Meng gekoelde gezette koffie, melk, bevroren bananen en toffeesiroop in een blender.
b) Meng tot een glad en romig mengsel.
c) Giet het in een glas, bestrijk met slagroom en garneer met stukjes gemalen toffee.

87. Banoffee koffiesmoothie

INGREDIËNTEN:
- 1 rijpe banaan, bevroren
- 1 kopje koude koffie
- ½ kopje melk (zuivel of plantaardig)
- 2 eetlepels toffeesiroop
- 1 eetlepel amandelboter
- Ijsblokjes
- 1 theelepel cacaopoeder

INSTRUCTIES:
a) Meng in een blender de bevroren banaan, cold brew koffie, melk, toffeesiroop en amandelboter.
b) Mixen tot een gladde substantie.
c) Voeg ijsblokjes toe en mix opnieuw tot je de gewenste consistentie hebt bereikt.
d) Giet in een glas en besprenkel eventueel met extra toffeesiroop en cacaopoeder.

88.Banoffee Eiwitsmoothie

INGREDIËNTEN:
- 1 rijpe banaan
- ½ kopje vanille-eiwitpoeder
- ¼ kopje toffeesaus
- 1 kopje amandelmelk
- Ijsblokjes

INSTRUCTIES:
a) Meng rijpe banaan, vanille-eiwitpoeder, toffeesaus, amandelmelk en ijsblokjes tot alles goed gemengd is.
b) Giet het in een glas en geniet van deze eiwitrijke Banoffee-smoothie.

89. Banoffee Blitz-cocktail

INGREDIËNTEN:
- 30 ml gekruide rum
- 1 ounce (30 ml) Butterscotch Schnapps
- 1 ounce (30 ml) gezouten karamelsiroop
- 1 ½ ounces (45 ml) melk
- ½ Banaan
- Ijs

INSTRUCTIES:
a) Meng in een blender 1 ounce gekruide rum, 1 ounce Butterscotch Schnapps, 1 ounce gezouten karamelsiroop, 1 ½ ounce melk en een halve banaan.
b) Voeg een handvol ijs toe aan de blender.
c) Meng alle ingrediënten tot een gladde en romige consistentie ontstaat.
d) Giet de cocktail in een glas of serveerschaal naar keuze.
e) Garneer met slagroom, een snufje gemalen kaneel en een schuimbanaan.
f) Serveer en geniet van je heerlijke Banoffee Blitz Cocktail!

90.Gerstewijn en Toffee

INGREDIËNTEN:
- Gerstewijn Ale
- Toffee-smakelijke koekje

INSTRUCTIES:

a) Voeg een handvol koekjes toe aan de Franse pers.

b) Voeg 300 ml gerstewijn toe en laat 3 minuten trekken, druk dan het filter naar beneden en serveer.

c) Voer dit door een paar extra gaassoorten, omdat de koekjestrub in deze significant was. Laat het misschien langer rusten als je wilt dat het koekje er goed doorheen komt zoals bedoeld.

91. Crème Brûlée Boba-thee met toffee

INGREDIËNTEN:
CRÈME BRÛLÉE PUDDING
- 2 eetlepels kristalsuiker
- 2 grote eierdooiers
- 1 kopje zware room
- ½ theelepel vanille-extract

BRUINE SUIKER BOBA
- ½ kopje boba
- 3 eetlepels bruine suiker
- 1 snufje koosjer zout

HOJICHA BOBA THEE
- 2 kopjes melk
- 3 hojicha theezakjes
- 2 eetlepels kristalsuiker
- 1 snufje koosjer zout

MONTAGE
- Ijs
- ¼ kopje gemalen toffeestukjes

INSTRUCTIES:
CRÈME BRÛLÉE PUDDING
a) De avond voordat je je Boba-thee wilt drinken, maak je de crème Brûlée en zet je het een nacht in de koelkast.
b) Verwarm uw oven voor op 250F.
c) Klop in een middelgrote kom de suiker en de eierdooiers samen tot ze gecombineerd zijn. Voeg de slagroom en het vanille-extract toe en roer om te combineren.
d) Plaats een ovenvaste bak met een inhoud van 1 ½ kopje in een bakvorm met voldoende hoge zijkanten zodat water ongeveer halverwege de bak binnen handbereik kan worden gegoten.
e) Kook een middelgrote pan water.
f) Giet het custardmengsel in de ovenvaste container. Open uw oven, trek het ovenrek iets naar buiten en plaats de bakvorm op het rooster.
g) Giet het kokende water voorzichtig in de bakvorm en zorg ervoor dat het water niet in de custard spat. Blijf het kokende water gieten

totdat het het niveau van de custard bereikt of iets boven het niveau uitkomt. Duw het ovenrek voorzichtig terug en sluit de oven.

h) Bak gedurende 35-40 minuten, of totdat de custard gestold is. Als het er vloeibaar uitziet, bak dan nog 5 minuten en controleer dan opnieuw. Het moet in het midden wiebelig zijn, maar niet vloeibaar.

i) Haal de custard uit het waterbad en laat afkoelen tot kamertemperatuur. Zet in de koelkast tot het koud is.

BRUINE SUIKER BOBA

j) Breng een middelgrote pan water aan de kook, voeg dan de boba toe en zet het vuur laag. Kook tot het geheel doorschijnend en zacht is. De timing hangt af van wat voor soort boba je hebt, dus controleer de verpakking.

k) Giet de boba af en roer de bruine suiker en het zout erdoor. Laten afkoelen.

HOJICHA Boba-thee

l) Verwarm de melk tot deze stoomt.

m) Voeg de theezakjes toe. Laat de thee 15 minuten trekken en voeg dan de suiker en het snufje zout toe. Knijp overtollige vloeistof uit de theezakjes in de Boba Tea en gooi de theezakjes weg.

n) Zet in de koelkast tot het koud is en bewaar het in de koelkast tot het klaar is om te serveren.

MONTAGE

o) Vul 4 glazen halfvol met ijs. Verdeel de boba en Boba Thee over de glazen en roer alles door elkaar. Doe een grote lepel crème Brûlée in elk kopje en garneer met stukjes toffee. Serveer koud!

92.Toffee-noot latte

INGREDIËNTEN:
- 1 shot espresso
- 1 kopje gestoomde melk
- 2 eetlepels toffee-notensiroop

INSTRUCTIES:
a) Zet een shot espresso.
b) Stoom de melk tot schuim.
c) Roer de toffee-notensiroop erdoor.
d) Giet de espresso in een kopje, giet er gestoomde melk over en roer.

93. Toffee Russisch

INGREDIËNTEN:
- 1 1/2 oz wodka
- 1/2 oz koffielikeur
- 1/2 oz toffeelikeur
- 1 oz room of melk
- IJsblokjes

INSTRUCTIES:
a) Vul een glas met ijsblokjes.
b) Giet wodka, koffielikeur, toffeelikeur en room of melk in het glas.
c) Roer tot het goed gemengd is.
d) Geniet van deze romige en decadente Toffee Russian!

94. Banoffee Pie Martini

INGREDIËNTEN:
- 1½ ounces (45 ml) Bananenlikeur
- 1 ounce (30 ml) karamelwodka
- 1 ounce (30 ml) Irish Cream Likeur (zoals Baileys)
- 1 ounces (30 ml) Half en Half (half melk, half room)
- Ijs
- Slagroom ter garnering
- Karamelsaus om te besprenkelen

INSTRUCTIES:
a) Vul een cocktailshaker met ijs.
b) Voeg de bananenlikeur, karamelwodka, Ierse roomlikeur en half om half toe aan de shaker.
c) Goed schudden tot het mengsel gekoeld is.
d) Zeef de martini in een gekoeld martiniglas.
e) Garneer met een toefje slagroom en een scheutje karamelsaus.
f) Serveer onmiddellijk en geniet van je Banoffee Pie Martini!

95. Banoffee ouderwets

INGREDIËNTEN:
- 40 ml donkere rum
- 20 ml gekruide rum
- 15 ml bananenlikeur
- 7½ ml honingsiroop
- 1 scheutje Angostura-bittertjes
- 1 scheutje chocoladebitter

INSTRUCTIES:
a) Vul een rotsglas met ijs.
b) Giet alle ingrediënten in het glas en roer.
c) Garneer met bananenchips.
d) Geniet van je Banoffee ouderwetse cocktail!

96.Banoffee milkshake

INGREDIËNTEN:
- 1 theelepel plantaardige olie
- 1 eetlepel maïskorrels
- ⅓ kopje karamelsaus
- 100 g pure chocolade, gesmolten
- 2 rijpe bananen
- 2 bolletjes vanille-ijs
- 1 ½ kopjes melk
- Slagroom uit blik, om te serveren
- Effen pretzels, om te versieren
- Chocoladepretzels, om te versieren
- 20 g pure chocolade, geraspt

INSTRUCTIES:
a) Verhit olie in een middelgrote pan op hoog vuur. Voeg maïs toe.
b) Kook, afgedekt, en schud de pan, gedurende 3-4 minuten of tot het ploffende geluid stopt. Haal van het vuur.
c) Bestrooi met zout en voeg 1 eetlepel karamelsaus toe. Roer om te coaten. Zet opzij om af te koelen.
d) Giet de gesmolten chocolade in 4 glazen van 300 ml en borstel lichtjes langs de randen van de glazen.
e) Meng banaan, ijs, melk en 2 eetlepels karamelsaus tot een gladde en schuimige massa. Giet in voorbereide glazen. Top met slagroom. Schik pretzels rond de bovenkant van het glas.
f) Strooi er karamelpopcorn en geraspte chocolade over. Serveer onmiddellijk.

97.Banoffee taartcocktail

INGREDIËNTEN:
- 1 banaan
- 2 ons bananenrum
- 2 ons half en half
- 2 eetlepels Dulce de Leche
- Ijs

INSTRUCTIES:
a) Voeg de banaan toe in een blender.
b) Voeg vervolgens Banana Rum toe.
c) Voeg de helft en de helft toe.
d) Dulce de Leche toevoegen.
e) Meng de ingrediënten en voeg naar wens ijs toe.

98. Banoffee Pie Frappe

INGREDIËNTEN:
- 3 volle theelepels gemoute melk
- 1 bolletje vanille-ijs
- 200 ml melk
- 1 banaan + 2 plakjes voor de topping
- 20 ml karamelsaus
- 1 verkruimeld koekje
- Snufje kaneel
- IJsblokjes

INSTRUCTIES:

a) Doe de melk, gemoute melk, banaan, ijs en ijsblokjes in een blender.
b) Blitz op volle snelheid om een gladde, romige drank te maken.
c) Giet de frappe in je favoriete glas.
d) Werk af met een scheutje karamelsaus of ahornsiroop.
e) Voeg het verkruimelde koekje, een paar plakjes banaan en een snufje kaneel toe ter garnering.

99.Banoffee warme chocolademelk

INGREDIËNTEN:
- 1 kopje warme chocolademelk (bereid met melk)
- 1 rijpe banaan, gepureerd
- 2 eetlepels toffeesaus
- Slagroom als topping
- Kaneel voor garnering

INSTRUCTIES:
a) Bereid warme chocolademelk met melk.
b) Roer de gepureerde banaan en toffeesaus erdoor tot alles goed gemengd is.
c) Werk af met slagroom en een snufje kaneel.

100. Banoffee Colada

INGREDIËNTEN:
- 1 rijpe banaan, geschild en in plakjes gesneden
- 1 kopje ananasstukjes (vers of ingeblikt)
- 2 ons (60 ml) kokosroom
- 1 ounce (30 ml) dulce de leche of karamelsaus
- 2 ons (60 ml) bananenlikeur
- 1½ ounces (45 ml) donkere rum
- 1 kopje ijsblokjes
- Slagroom (ter garnering)
- Bananenschijfjes en ananaspartjes (voor garnering)

INSTRUCTIES:
a) Meng in een blender de rijpe banaan, stukjes ananas, kokosroom, dulce de leche, bananenlikeur, donkere rum en ijsblokjes.
b) Meng tot een glad en romig mengsel.
c) Proef en pas indien nodig de zoetheid aan door meer dulce de leche of bananenlikeur toe te voegen.
d) Giet het mengsel in serveerglazen.
e) Garneer met een toefje slagroom.
f) Beleg met plakjes banaan en ananaspartjes.
g) Optioneel: Sprenkel extra dulce de leche of karamelsaus over de slagroom voor extra zoetheid.
h) Steek er een rietje in en geniet van deze tropische en heerlijke Banoffee Colada!

CONCLUSIE

Terwijl we afscheid nemen van 'HET COMPLETE TOFFEE KOOKBOEK', doen we dat met een hart vol dankbaarheid voor de smaken waarvan we genieten, de herinneringen die zijn gecreëerd en de zoete verwennerij die we onderweg hebben gedeeld. Door middel van 100 verleidelijke lekkernijen van boterachtige gelukzaligheid hebben we de eindeloze mogelijkheden van toffee onderzocht en de eenvoudige geneugten van een zelfgemaakte traktatie gevierd.

Maar onze reis eindigt hier niet. Terwijl we terugkeren naar onze keukens, gewapend met nieuwe inspiratie en waardering voor toffee, laten we doorgaan met experimenteren, innoveren en creëren met deze heerlijke lekkernij. Of we nu toffee voor onszelf maken of deze met anderen delen, mogen de recepten in dit kookboek jarenlang een bron van vreugde en troost zijn.

En laten we, terwijl we genieten van elke heerlijke hap, denken aan de warmte van de keuken, het gelach van dierbaren en de simpele geneugten van het genieten van een zoete lekkernij. Bedankt dat je met ons meegaat op deze heerlijke reis. Moge uw keuken gevuld zijn met de geur van gekarameliseerde suiker, uw voorraadkast gevuld met boterachtige goedheid en uw hart boordevol geluk dat voortkomt uit het genieten van de eenvoudige geneugten van het leven.

www.ingramcontent.com/pod-product-compliance
Lightning Source LLC
Chambersburg PA
CBHW071123130526
44590CB00056B/1088